ETF
투자의 정석

초판 1쇄 인쇄 2026년 4월 1일
초판 1쇄 발행 2026년 4월 8일

지은이 김현빈

발행인 장상진
발행처 (주)경향비피
등록번호 제2012-000228호
등록일자 2012년 7월 2일

주소 서울시 영등포구 양평동 2가 37-1번지 동아프라임밸리 507-508호
전화 1644-5613 | 팩스 02) 304-5613

ISBN 978-89-6952-655-7 03320

안전성과 수익성을 모두 잡는 ETF 투자 전략

ETF
투자의 정석

김현빈 지음

경향BP

ETF는 자신 있게
추천합니다

ETF를 처음 만난 것은 증권사 지점에서 영업을 할 때였습니다. KO-DEX, KOSEF 이렇게 2종목이 상장되어 거래되고 있었습니다. 2종목 모두 코스피200 지수를 따라간다는 말에 개인투자자들은 전혀 관심이 없었습니다. 일반 개인 주식이 하루에 5% 넘게 움직이는데, 코스피200 지수는 기껏해야 하루에 2~3% 움직이기도 힘들었기 때문입니다.

장기적으로 투자할 경우에는 수익이 날 것이라는 생각은 하고 있었지만 당시 매매를 많이 해야 하는 증권사 브로커로서는 투자를 권유하기 좋은 주식은 아니었습니다.

두 번째로 ETF를 만난 것은 증권사 본점에서 파생법인영업을 할 때였습니다. ETF 상장 숫자들이 늘어나기 시작했고, 미래에셋자산운용도 ETF에 뛰어들면서 ETF를 하는 운용사가 많아졌습니다. 인덱스를 운용하는 부서에서 ETF를 만들기 시작했고, 당연히 증권사 파생영업부서들은 LP(유동성 공급자)를 하기 시작했습니다. 저희도 당연히 ETF LP를 시작했습니다.

그러나 처음에는 우여곡절이 많았습니다. 저는 레버리지 ETF가 많이 거래되니 그것부터 LP를 해야 한다고 강조했지만, 위에서는 리스크가 부담스러우니 계속 하지 말자고 했습니다. 하지만 저는 ETF라는 상품을 보면 볼수록 매력이 있었고, 레버리지 ETF뿐만 아니라 섹터 ETF들이 나오는 것을 보면서 분명히 ETF 시장은 더욱 커질 것이라고 생각하게 되었습니다. 결국 저의 고집으로 ETF LP 업무를 시작하게 되었습니다.

ETF LP를 하다 보니 이것저것 신경 쓸 것이 너무 많았습니다. 초기에는 리스크 부서에서도 리스크 측정을 하지 못해 우왕좌왕하고, 시스템도 제대로 움직이지 않아서 멈추었다 다시 했다를 여러 번 반복했습니다. 그러면서도 ETF를 직접 만들어 보고 싶어졌습니다. 뭔가 틀에 박힌 일이 아닌 창의적인 일을 할 수 있을 것 같다는 생각이 들었습니다. 그래서 운용사로 이직을 하게 되었습니다.

ETF 운용사에서 ETF를 만드는 일은 생각보다 쉽지 않았습니다. 하지만 내가 투자하고 싶은 ETF, 자녀에게 투자하라고 추천할 만한 가치 있는 ETF를 만들고 싶었습니다. 그렇게 하나 둘 만들다 보니 ETF의 매력에 푹 빠지게 되었습니다. 국내 최초로 중국 본토에 투자하는 ETF, 베트남에 투자하는 ETF, 합성 방식의 ETF 등 많은 ETF를 만들었습니다. 특히 애착이 가는 ETF는 K-시리즈 ETF입니다. K-반도체 ETF, K-POP ETF, K-뷰티 ETF 그리고 아직까지 세상 하나뿐인 K-푸드 ETF도 만들었습니다.

2000년에 입사해서 금융권에 26년째 근무하고 있지만, 일반 개별 주식 종목들은 친구들이나 지인들에게 추천하지 못했습니다. 말했다가 손실이 나면 그 비난을 감당하기 싫어서였습니다. 그렇지만 ETF는 자신 있게 추천합니다. 코스피시장이 10,000포인트까지 상승한다면 무조건

가지고 있어야 할 것이 ETF이니 대표지수형 ETF에 바로 지금 적립식으로 투자하라고 이야기합니다.

ETF 시장은 지속적으로 커질 것으로 예상됩니다. 퇴직연금 시장도 ETF로 바뀌고 있고, 기관투자자들도 ETF로 바꾸고 있습니다. 이렇게 주식 시장이 상승할 때 어떻게 투자를 시작해야 할지 고민한다면 ETF로 시작할 것을 추천합니다. 요즘 들어 부쩍 ETF에 대한 문의 전화가 많습니다. 친구들, 지인들, 그리고 주식에 별로 관심이 없었던 가족들에게서도 질문을 받습니다. 그동안 ETF 시장에서 습득했던 지식을 총동원하여 이런 질문들에 대한 답을 이 책에 담았습니다.

ETF를 공부하고 직접 매매하다 보면 적절한 매매 타이밍도 배울 수 있을 것입니다. 모든 투자는 타이밍이 전부입니다. 아무리 좋은 주식도 사고파는 타이밍을 놓치면 실패합니다. 이 책으로 ETF에 대한 기본 지식을 쌓고 적절한 매매 타이밍까지 습득해서 성공 투자하기 바랍니다.

김현빈

차례

제1장

투자 성향별 ETF 포트폴리오 설계법

ETF의 기본 구조와 반드시 알아야 할 선택 기준

ETF 유형별 핵심

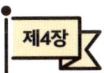

제4장

ETF로 수익을 만드는 투자 전략

ETF 투자에서 반드시 피해야 할 것들

ETF 세금, 이것만 알면 충분하다

ETF 구조와 작동 원리 : 수익과 위험의 본질을 읽다

기초 용어

펀드(Fund) : 여러 사람이 돈을 모아서 전문가(펀드매니저)에게 대신 투자해 달라고 맡기는 상품

ETF(Exchange Traded Fund) : 펀드가 증권거래소에 상장되어 주식처럼 거래되는 상품

LP(Liquidity Provider) : ETF를 매매할 때 매수, 매도를 공급하는 증권사

채권 : 정부나 기업이 "돈 빌려 주면 나중에 원금+이자 줄게." 하고 만든 상품. 채권 금리가 내리면 채권 가격이 상승하는 구조임

국채 : 국가가 발행한 채권

회사채 : 회사, 기업이 발행한 채권

듀레이션(duration) : 채권에서 돈을 회수하는 데 걸리는 평균 시간

레버리지(leverage) : 지렛대라는 뜻으로 투자하는 펀드가 1% 상승하면 2% 상승하는 것을 말함

인버스(inverse) : 정반대라는 뜻으로 투자하는 펀드가 1% 하락하면 1% 상승하는 것을 말함

인버스 레버리지(inverse leverage) : 투자하는 펀드가 1% 하락하면 2% 상승하는 것을 말함. 인버스2X라고도 함

봉 차트 : 주식의 흐름을 봉(캔들 : candle)으로 표시함. 시작할 때보다 오르면 빨간색 양봉, 시작할 때보다 내리면 파란색 음봉으로 표현함

주봉, 월봉 : 봉 차트에서 기준을 하루가 아닌 주 단위, 월 단위로 표현함. 주봉은 한 주가 시작할 때보다 마감할 때 상승했으면 빨간색 봉으로 표현함

헤지(hedge) : 울타리, 대비책이란 뜻으로 투자하는 포지션에서 수익률이 변동되지 않게 대비하는 것을 말함

환헤지 : 환율이 변동이 되어도 손실이 없도록 대비책을 세워 두는 것을 말함

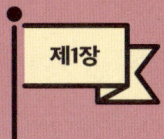

제1장

투자 성향별
ETF 포트폴리오
설계법

코스피 시장이 연일 올라가는데 도대체 어떻게 투자해야 하는가? 시장은 올라가는데 내 계좌만 마이너스가 될 때 투자자로서 가장 가슴이 아프다. 그런데 이러한 고민을 하는 사람이 생각보다 많다.

개인적으로 ETF에 투자하는 사람들도 있겠지만, 직장인이라면 대부분 퇴직연금에 가입되어 투자되고 있을 것이다. 퇴직연금 종류는 회사에서 투자를 대리해 주면 DB(Defined Benefit : 확정급여)형이고, 본인이 직접 투자하면 DC(Defined Contribution : 확정기여)형이다. 예전에는 거의 회사에서 퇴직연금을 투자해 주는 DB형이었다. 하지만 요즘은 안정적으로 운용하는 DB형은 금리도 낮아지고, 상대적으로 주식 시장이 많이 오르다 보니 많은 회사가 DC형으로 바꾸고 있다.

그런데 투자에 전혀 신경을 쓰지 않던 사람들이 갑자기 퇴직연금 자산배분이라는 커다란 숙제를 안게 되었다. 투자도 본인의 성격에 맞게 해야지 그렇지 않으면 힘들다. 지금부터 성격에 맞는 투자 포트폴리오를 만들어 보자. 퇴직연금에 맞는 포트폴리오를 구성해 보고, 퇴직연금이 아닌 계좌에서 투자할 경우는 채권 비중을 제외하고 생각하면 된다.

1

무관심형 투자자
: 최소 관리로 오래가는 ETF 포트폴리오

경상도 사나이 퇴직연금 투자

"오늘 점심 어떤 것으로 할까요?"

"아무거나 먹지 뭐, 네가 골라."

"육회비빔밥 어떠세요?"

"좋네. 늦지 말고 와!"

오랜만에 뵙는 증권 선배님이시다. 예전에 울산 지역에서 엄청난 수익을 올린 것으로 유명한 PB인데 전국 주식 약정 1, 2위를 다투었다고 한다. 지금은 은퇴 시점이 다가와서 지점장도 내려놓고, 투자상담사 역할을 하고 계시다. 은퇴 시점도 다가오는데 어떻게 퇴직연금 계좌에 투자하시는지 궁금했다.

"육회비빔밥은 줄이 기네. 그냥 참치집 가자."

"넵. 저도 좋습니다."

참치회덮밥을 시키고, 추가로 참치초밥을 시켰다.

"어, 참치를 초장에 드세요?"

"그렇지 회는 무조건 초장이야."

"아하, 주식 시장 올라가라고 너무 빨간 것만 드시는 것 아니세요?"

증권가에서는 주식 시장이 폭락할 때는 너도 나도 빨간색 타이를 메고 오곤 했다.

"참, 퇴직연금 계좌는 투자하고 계세요? 직접투자 DC형이죠?"

"그럼, 증권회사야 당연히 그렇지."

내심 기대가 되었다.

"어떻게 포트폴리오를 가져가세요?"

"나는 신경 쓰기 싫어서 그냥 TDF ETF 투자해!"

생각보다 경상도 사나이답게 화끈하게 한 종목에 투자하시는 것이 놀라웠다. 이분의 전략은 이렇다.

"퇴직금은 건드리는 것 아니다. 살아만 있으면 된다."

'놀라운 투자 철학이었다. 다른 투자를 많이 하고 있어서인가?'라는 생각이 들었지만 퇴직연금 투자의 정석은 원금 손실이 나면 안 된다는 것에는 100% 동의한다.

최소 관리를 원하는 분들이라면 가장 쉬운 ETF 투자처가 있다. 바로 TDF ETF이다. TDF란 Target Date Fund라는 뜻으로 생애주기형 펀드라고도 한다. 생애주기에 따라서 자산배분을 다르게 하면서 운용한다는 것이다. 공모펀드형으로 이미 많이 나와 있다. 공모형 펀드는 거의 대부분 이제는 ETF화할 수 있다. 그렇기 때문에 간단히 투자하고 싶다면

TDF ETF 종류 및 수익률						
종목명	1개월	3개월	6개월	1년	3년	총보수
RISE TDF2050액티브	3.74	10.38	19.25	18.07	60.75	0.01
RISE TDF2040액티브	3.04	8.75	16.39	15.49	54.32	0.01
RISE TDF2030액티브	1.82	6.07	11.13	11.84	44.67	0.01
TIGER TDF2045	2.74	8.94	19.76	-	-	0.19
PLUS TDF2060액티브	3.28	10.17	21.05	21.22	71.17	0.20
KODEX TDF2030액티브	0.30	2.95	6.00	7.64	35.61	0.20
KODEX TDF2040액티브	1.55	5.92	11.25	12.24	47.47	0.25
KIWOOM TDF2030액티브	3.70	8.73	12.47	11.65	43.26	0.30
KODEX TDF2060액티브	2.64	8.36	-	-	-	0.30
KODEX TDF2050액티브	2.32	7.84	14.97	15.02	56.01	0.30
ACE TDF2030액티브	1.47	5.45	10.14	-	-	0.30
KIWOOM TDF2040액티브	3.93	10.31	16.75	14.99	56.51	0.34
ACE TDF2050액티브	3.22	10.27	18.29	-	-	0.35
KIWOOM TDF2050액티브	4.26	11.77	18.61	16.50	60.75	0.38

단위 : %

2025. 11. 7. 기준, KRX

TDF ETF에 투자하면 된다.

　종목명에 있는 2030, 2045, 2050은 은퇴 시점을 이야기한다. 은퇴하는 시점에 맞춘 것이기 때문에 내가 2045년에 은퇴한다고 하면 2045 숫자가 있는 ETF에 투자하면 된다. TDF의 개념은 은퇴 시점이 가까이 오면 채권 혹은 안전자산에 투자하는 비중이 높아진다는 것이다. TIGER TDF2045의 PDF를 살펴보면 국내 채권이 약 20%이고, 나머지 80%는 미국 주식에 투자하고 있다. 은퇴 시점이 앞으로 20년이나 남았기 때문에 위험자산인 주식에 더 많이 투자하는 것이다.

이렇게 TDF ETF를 활용하면 DC 및 IRP(Individual Retirement Pension : 개인형퇴직연금) 계좌에도 100% 담을 수 있고, 연금저축에도 마찬가지로 100% 투자할 수 있다. 그러므로 귀차니즘이 있다면 TDF 투자를 고려해 보자.

선배님에게 TDF 말고 여러 ETF 종목에 투자한다면 초간단 포트폴리오로 어떨지 물어보았다. 그분은 인생주기에 따라서 다음과 같이 하라고 조언해 주셨다.

사회초년생 ~ 결혼 전

- 주식형에 70% 투자하는 공격형 포지션
- 적립식 투자 방법의 효과로 위험자산을 늘려야 하는 시기

사회초년생 ~ 결혼 전 추천 ETF		
종목명	비중	추천 사유
KIWOOM200TR	35%	저렴한 보수, 분배금 재투자 가능
ACE미국S&P500	35%	저렴한 보수, 환오픈 상품
KODEX국고채10년액티브	30%	듀레이션 및 안정성 고려

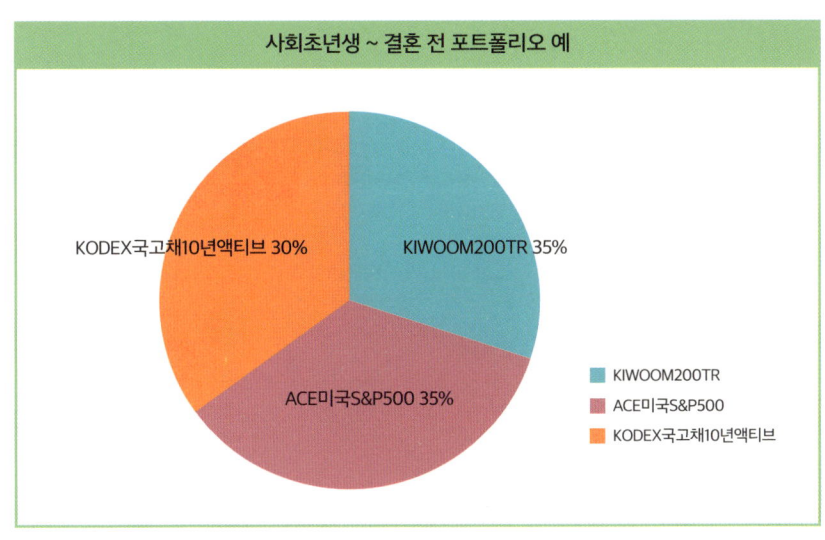

사회초년생 ~ 결혼 전 포트폴리오 예

KODEX국고채10년액티브 30%

KIWOOM200TR 35%

ACE미국S&P500 35%

- KIWOOM200TR
- ACE미국S&P500
- KODEX국고채10년액티브

결혼 후 ~ 은퇴 5년 전

- 주식형 60%, 채권형 40% 포지션
- 돌잔치, 환갑잔치, 부동산 매수 등 변수가 많으니 거래량을 고려한
  포트폴리오 선정

결혼 후 ~ 은퇴 5년 전 추천 ETF		
종목명	비중	추천 사유
TIGER200	30%	저렴한 보수, 거래량 고려
ACE미국S&P500	30%	저렴한 보수, 거래량 고려
KODEX머니마켓액티브	40%	짧은 듀레이션 및 안정성 고려

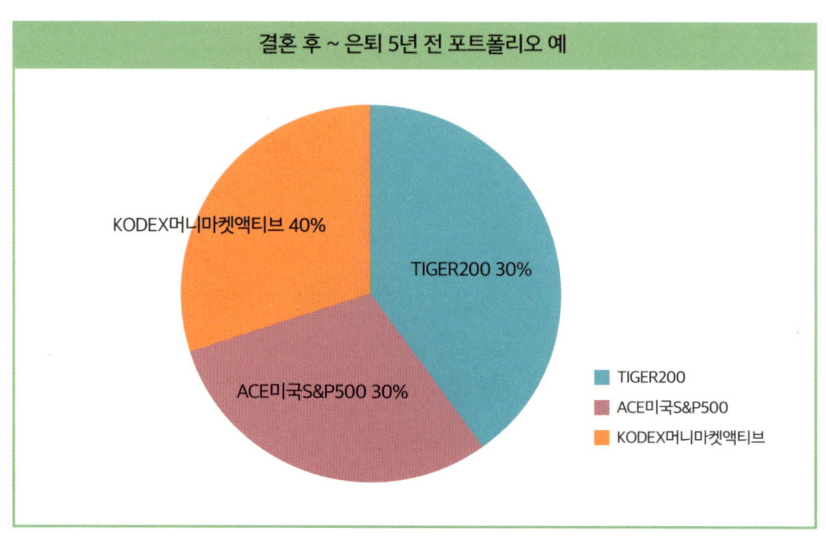

은퇴 5년 전 ~ 은퇴 후

- 주식 40%, 채권형 60%

- 수익률보다는 분배율 높은 ETF 투자

은퇴 5년 전 ~ 은퇴 후 추천 ETF		
종목명	비중	추천 사유
RISE200위클리커버드콜	20%	분배율 높음
TIGER미국나스닥100타겟데일리커버드콜	20%	풍부한 거래량
TIGER CD금리액티브(합성)	60%	짧은 듀레이션 및 안정성 고려

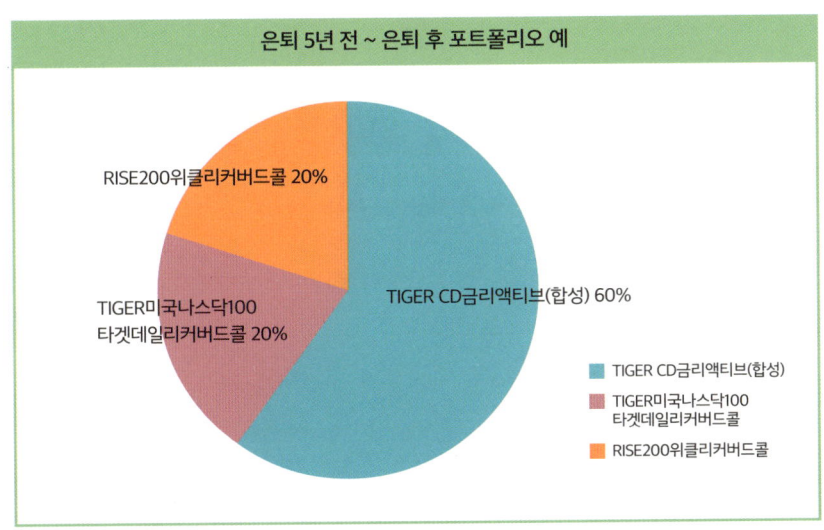

은퇴 5년 전 ~ 은퇴 후 포트폴리오 예

RISE200위클리커버드콜 20%

TIGER미국나스닥100
타겟데일리커버드콜 20%

TIGER CD금리액티브(합성) 60%

- TIGER CD금리액티브(합성)
- TIGER미국나스닥100
  타겟데일리커버드콜
- RISE200위클리커버드콜

2
보수적 투자자
: 안정성과 수익률을 동시에 잡는 구성법

SRT로 광주 출장이 계획되어 있었다. 내게 광주는 잊을 수 없는 곳이다. 광주 상무대에서 장교 훈련을 받았기 때문이다. 그때 단체로 만들었던 KB은행 계좌가 아직까지 나의 주계좌이다. 군대에서 같이 근무하면서 함께 고초를 겪었던 부대 선배가 광주에 있는 제약회사에서 일하고 계신다. 군대에 있을 때부터 재테크에 관심이 많았고, 부동산뿐만 아니라 주식도 상당히 공부를 많이 하는 분이다. 그래서 가끔 내게 주식 시장 상황이나 ETF 흐름 같은 것을 물어보곤 하신다.

금융권이 아닌 사람들은 어떻게 퇴직연금을 운용하는지 궁금했다.

"선배님은 어떻게 퇴직연금 계좌 운용하세요?"

"아, 우리 회사는 DB형이라 따로 IRP 계좌로 돈 넣고 운용하고 있어."

"지금까지는 미국 주식형에 30%, 국내 주식형에 20% 넣고 있다가 올해 들어서 국내 주식형을 30%로 바꿨어."

"그래요? 왜요? 미국 시장도 아직 견고한데요?"

"정권이 바뀌면서 새로운 주식 시장 정책을 열고 있잖아. 일본도 아베노믹스하면서 시장 올리듯이 우리나라도 이제 기회가 될 것 같아서…. 봐서 더 오르는 모습 보이면 국내 주식 시장에 더 많이 투자하려고…."

"코스피 5천포인트 간다고 기대하시는군요."

"이번엔 기대해 볼 만할 것 같아."

2025년 여름에 이런 이야기를 주고받았는데, 코스피는 이후 급등하여 지금은 5,000포인트를 돌파했다. 선배는 주식형 투자는 대표지수 위주로 하고 있다고 한다. 섹터나 테마까지 접근하면 너무 어려워진다고, 시장의 테마를 잡으면서 투자하기에는 시간이 너무 부족하다고 했다. 장기 투자는 대표지수가 제일 좋다고도 강조했다.

아래 표는 이분의 포트폴리오이다. 시장이 좀 조정 장세가 온다면 금현물 투자와 배당주 투자로 비중을 조정할 수도 있다고 언급했다.

보수적 투자자 포트폴리오 예		
종목명	비중	추천 사유
TIGER200	30%	한국 시장 강세 기대
TIGER미국S&P500	20%	미국대표. 저렴한 보수, 거래량 좋음
PIUS고배당	10%	안정적 분배금 기대
ACE금현물	10%	금 가격 지속 상승 예상
RISE머니마켓액티브	30%	안정성 있는 단기자금 운용

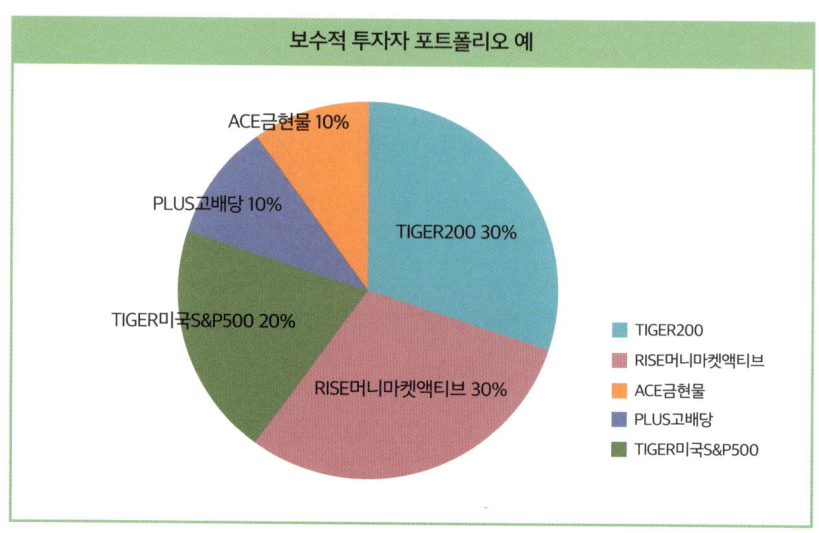

보수적 투자자 포트폴리오 예

ACE금현물 10%

PLUS고배당 10%

TIGER200 30%

TIGER미국S&P500 20%

RISE머니마켓액티브 30%

- TIGER200
- RISE머니마켓액티브
- ACE금현물
- PLUS고배당
- TIGER미국S&P500

3

적극적 투자자
: 정보 활용으로 수익률을 높이는 전략

국내 ETF 중심 운용 전략

직장인들 사이에서는 어떻게 퇴직연금을 투자하는지가 관심사이다. 주식 및 파생상품을 오랫동안 운용하고, 보험사에서 아웃소싱(보험사 자금을 자산운용사에 맡기는 것)으로 자산배분을 오랫동안 해 온 금융권 20년 차가 훨씬 넘는 분을 만났다.

"잘 지내셨어요?"

"오, 그래. 오늘은 어떤 조언을 얻고 싶어서 온 거야?"

"역시 눈치 빠르시네요. 퇴직연금 투자를 어떻게 하시는지 궁금해서 찾아왔습니다. 금융권의 고수이시니 형님의 투자 방법이 제일 좋을 듯 해서요."

"퇴직연금 투자는 ETF로 하고 있어. 기본적으로 자산배분을 하고 있지."

"역시 아웃소싱 자산배분하셨던 운용 스킬이 있으시네요."

"그렇게 어려운 것도 없는데 기본은 이렇게 투자하면 돼. 핵심위성 전략 알지?"

"예. 알고 있습니다."

"여기서 코어(핵심)는 대표지수야. 코어로 국내지수와 미국지수로 하고 있지. 세틀라이트(위성)로는 고배당, 원자재, 테마형 ETF에 투자하고 있지."

국내 ETF 운용 전략 구성		
구분	내용	기초지수
핵심(Core)	국내 대표지수	KOSPI200, KOSDAQ150
	해외 대표지수	S&P500, 나스닥100
위성(Satellite)	고배당	국내 고배당, 배당다우존스
	섹터 및 테마형	원자력, 조선, 반도체
	원자재	금, 은
채권	중장기	10년 국고채
	단기	CD 금리, 머니마켓

"아, 이런 전략으로 포트폴리오를 짜시는군요. 그럼 지금 현재 포트폴리오 좀 알려 주세요."

"개인적으로 해외 투자는 다른 계좌에서 하고 있고, 퇴직연금 계좌에는 국내만 주로 투자를 하고 있어. 지금 현재 포트폴리오는 이렇게 돼."

국내 ETF 전략 포트폴리오 예			
구분	내용	종목명	비중
핵심(Core)	국내 대표지수	KODEX200	17%
		TIGER코스닥150	23%
위성(Satellite)	고배당	RISE200위클리커버드콜	10%
	섹터 및 테마형	HANARO원자력iSelect	10%
	원자재	SOL국제금	10%
채권	중장기	KODEX단기채권플러스	15%
	단기	TIGER머니마켓 액티브	15%

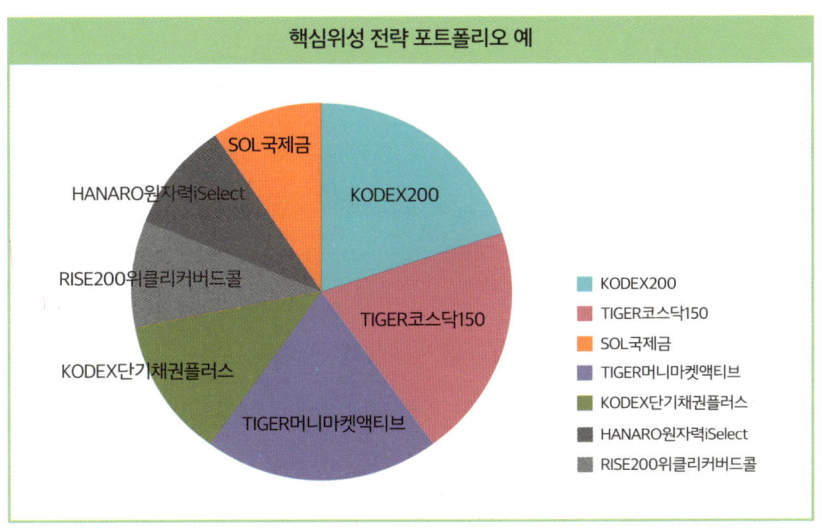

"코스피보다 코스닥 비중이 더 높은 이유는 뭐예요? 그래도 우리나라 대표는 코스피200 아닌가요?"

"정부에서 AI에 대해서 강조하고 있고, 국민펀드에 150조 원을 쏟는다고 하니 코스닥도 기대해 볼 만할 것 같아서 비중을 좀 늘렸지."

"그럼 RISE200위클리커버드콜은 어떻게 선택하신 거예요?"

"현재 주식 시장이 지속 상승한다고 가정한다면 고배당 ETF도 좋지만, 시장을 따라가면서 분배금까지 주는 커버드콜을 선택한 거지. 테마형은 반도체와 조선, 원자력을 지켜보고 있는데, 최근에는 원자력이 좀 더 강해 보여서 선택했어."

"그리고 원자재 중에서 금 투자는 왜 금현물로 안 하고, 국제금으로 하신 건가요?"

"금리인하되면 충분히 달러 약세도 예상하고 있어서 달러랑 연동되지 않는 금 투자를 하는 거야."

"감사합니다. 포트폴리오가 깔끔하고 좋네요. 성투(성공투자)하세요."

해외 ETF + 올웨더 포트폴리오

여의도에 빨갛게 솟아오른 건물이 있다. 여의도 하면 떠오르는 것은 금빛의 63빌딩이었는데, 요즘에는 빨간색 새 건물이 파란 하늘색과 어울리며 금융가의 멋진 풍경을 이루어 내고 있다. 바로 그 빨간색 건물에 있는 자산배분 전문 투자자문사에서 근무하는 분을 만났다.

"팀장님, 오랜만입니다. 잘 지내셨죠. 새 건물에 회사가 있으셔서 부럽습니다."

"날씨 엄청 더울 때나 비 올 때 굳이 나가지 않고 건물과 이어진 백화점에서 먹을 수 있는 게 장점이에요. 하지만 사람이 너무 많아서 출퇴근 시 엄청 기다려야 하기도 해서 불편한 점도 있어요."

"꼭 좋은 것만은 아니네요. 퇴직연금은 회사에서 운용해 주는 DB형인가요? 아니면 직접 운용하는 DC형인가요?"

"DC형이에요. 직접 투자하고 있어요."

"오, 그럼 어떻게 포트폴리오를 구성하세요?"

"이런 것은 우리 회사 자문형 랩에 가입해야죠. 그냥 물어보면 안 되죠."

"아, 그런 것도 있군요!"

"IRP 계좌에 들어가서 가입할 수 있어요. ETF로 하는 것도 있어요. 1,000만 원이 기본금액인데…."

"아, 팀장님. 전 시드머니가 부족해서 가입이 안 되겠네요. 그냥 살짝 어떻게 하는지만 알려 주세요."

"먼저 투자는 원칙을 세워 놓고 해야 하는 게 좋아요. 그리고 매매를 너무 단타 위주로 하려고 하면 안 돼요."

"맞아요. 저희같이 주식 매매를 많이 하는 사람 같은 경우는 빨간색으로 이익 나면 바로 팔아 버리죠. 진득하게 상승할 때까지 가만히 있지를 못하죠."

"그게 단점이에요. 리밸런싱은 최소화할수록 잘하는 것이라고 생각해요."

"그냥 팀장님 포트폴리오 좀 알려 주세요."

"일단 저는 미국이나 국내나 좀 더 주식 시장이 간다고 생각해서 공격적으로 하고 있어요. 채권혼합 ETF를 섞어서 주식 비중을 더 늘린 것이죠."

해외 투자 포함 자산배분 포트폴리오 예		
내용	종목명	비중
대표지수	TIGER밸류업	20%
	TIGER미국S&P500(H)	10%
	ACE중국본토CSI300	10%
고배당	RISE코리아금융고배당	5%
	KODEX미국나스닥100데일리커버드콜	5%
섹터 및 테마형	TIGER반도체	10%
	SOL AI 미국전력인프라	10%
채권	ACE미국S&P채권혼합액티브	15%
	PLUS고배당주채권혼합	15%

"포트폴리오를 보니 코스피200 지수가 아닌 밸류업 지수에 투자하시네요? 이유가 뭔가요?"

"정부에서 지주회사 관련 정책을 많이 강조하고 있기 때문에 코스피 200 지수에서 밸류업을 추가해서 작년에 나온 밸류업 지수에 투자하는 것이 길게 보면 좋지 않을까 해서 그렇게 투자하고 있어요."

"아, 그렇군요. 그리고 중국 쪽에도 투자하시네요."

"그동안 중국 시장이 미국 시장에 비해 많이 침체되어 있었고, 금리인하로 달러가 약세가 되면 신흥국 쪽으로 자금이 몰릴 수 있다고 생각해 중국 시장도 넣고 있어요."

"그러고 보니 대표지수에서 미국에 투자할 때는 환헤지 상품으로 하고 계시네요?"

"달러가 1,450원을 수준으로 역사적 고점 부근이라 환헤지(환율 변동에 영향 없는 상태) 상품이 유리할 것으로 보고 있어요."

"예. 감사합니다. 그리고 지난번에는 올웨더 전략(제4장 ETF로 수익을 만드는 투자 전략 참고)으로 포트폴리오를 구성하신다고 하지 않았나요? 올웨더 전략도 알려 주세요."

"올웨더 전략이 꾸준히 좋긴 하지만, 최근처럼 미국과 국내 주식 시장이 꾸준히 오른다면 인기가 없어요. 뿐만 아니라 금 가격도, 환율도, 주식 시장도, 채권 시장도 모두 같이 오르고 같이 빠지니 새로운 패러다임의 시장이 온 것 같아요."

올웨더 전략 포트폴리오 예			
내용	종목명	비중	소계
주식	TIGER200	15%	30%
	TIGER미국S&P500	15%	
장기채권	KODEX장기종합채권(AA-이상)액티브	20%	40%
	PLUS미국채30년액티브	20%	
중기채권	TIGER미국채10년선물	10%	15%
	KODEX아시아달러채권ESG플러스액티브	5%	
금	SOL국제금	7.5%	7.5%
원자재	TIGER구리실물	4%	7.5%
	RISE팔라듐선물(H)	3.5%	

4

배당 추구형 투자자
: 현금흐름을 만드는 ETF 조합

1960년대에 태어난 베이비붐 세대는 이제 거의 은퇴하셨거나 은퇴를 앞두고 계신다. 파란만장한 대한민국의 발전을 이끌어 내셨던 분들이다. 그중에는 부동산으로 많은 부를 이루신 분도 있고, 새로운 도전을 위해서 모아 두었던 돈과 퇴직금으로 사업을 하시는 분도 계신다. 얼마 전에 금융권에서 임원을 하시다가 퇴직하신 분이 있어서 오랜만에 얼굴을 뵐겸 인사드리러 찾아갔다.

"건강하시죠? 상무님."

"오랜만이네요. 잘 지내시죠?"

"그럼요. 잘 지내고 있습니다. 최근에는 어떻게 투자하시는지 궁금한데요. 은퇴자금은 한꺼번에 받으셨나요? 아님 월로 나누어 받고 계시나요?"

"보험 든 것과 퇴직연금 넣은 것까지 해서 월로 나누어 받는 것으로 하고 있어요."

"아, 그러면 월 얼마 정도 현금흐름이 되나요?"

"월 300~400만 원 정도는 되는 거 같아요."

"그 정도면 생활하시기에는 괜찮으시겠네요."

"아니에요. 자식들 다 대학 졸업하고 취직을 앞두고 있지만 돈 쓸 일이 많더라고요."

"아, 그렇군요."

"ETF로 포트폴리오를 어떻게 구성하시는지 궁금합니다."

"전 월배당 ETF 많이 이용해요. 월배당으로 한 달에 150~200만 원 정도 나오게 하려고 운영하고 있어요."

"어떻게 하시는데요?"

"순자산이 크게 플러스와 마이너스 나는 것에 신경 쓰지 않고, 분배율

배당 추구형 포트폴리오 예			
내용	종목명	비중	분배 주기
국내	RISE200위클리커버드콜	20%	월초
	PLUS고배당위클리커버드콜	10%	월초
	RISE코리아금융고배당	10%	월중
	TIGER200타겟위클리커버드콜	10%	월중
해외	KODEX미국배당커버드콜액티브	10%	월중
	TIGER미국나스닥100타겟데일리커버드콜	10%	월초
채권	SOL미국30년국채커버드콜(합성)	15%	월초
	TIGER미국30년국채커버드콜액티브(H)	15%	월초

이 높은 것으로만 운용하고 있어요. 다행히 시장이 지속적으로 상승하고 있어서 수익률뿐만 아니라 분배율도 꽤 괜찮아요."

"월초, 월중 분배금도 나누어서 나오고, 진짜 이 포트폴리오는 성과에는 상관없이 월배당만 받으려는 목표이시네요."

"대략 분배율로 하면 10~12% 정도 나오고 있어요."

"그래도 국내 주식 시장과 미국 주식 시장 및 채권에 투자하고 있어서 자산배분이 잘되어 있네요. 감사합니다."

"그런데 배당 투자에서 주의할 점이 있어요. 투자 자산 시장이 하락한다면 분배금도 줄어들게 되어 있다는 거예요. 예를 들어, 지금 300만 원 분배금이 나오다가도 시장이 하락하면 분배율은 같지만 분배금은 200만 원도 안 나올 수 있다는 것을 명심해야 해요."

"시장이 꾸준히 상승하거나 횡보할 때 쓰는 전략이겠네요."

EMP(ETF Managed Portfolio)라는 용어를 들어 봤을 것이다. 바로 ETF를 이용한 투자 포트폴리오를 말한다. 위에서 투자자들을 만나서 자산배분을 어떻게 하는지를 들어 봤는데 예시한 포트폴리오들이 전부 EMP가 되는 것이다. 요즈음은 EMP가 펀드로도 출시되고 있다. 그만큼 이제는 ETF를 활용한 자산배분이 투자의 기본인 시대가 된 것이다. 배당 투자도 EMP로 가능하다. 만약 배당을 추구한다면 위와 같은 포트롤리오 전략도 충분히 고려해 볼 만하다.

5
시장 상황별 ETF 대응 전략

시장 상황에 따라 투자 전략을 바꾸면서 할 수 있다면 가장 최선의 투자 전략이 될 것이다. 그러나 상승장과 하락장 및 횡보장을 예측하는 것은 아주 어렵다. 시장 상황이 바뀔 때마다 빠르게 대처할 수는 없지만 장기적으로 시장 상황이 지속될 경우는 다음과 같은 포트폴리오를 구성하며 투자해 볼 만하다. 국내 시장에 투자하는 경우로만 예를 들어 보겠다.

상승장에서 수익을 키우는 ETF 운용법

상승장(Bull Market)이란 주가가 꾸준히 상승하는 시장을 말한다. 2025년 코스피 시장 같은 경우가 강세시장, 상승장이라고 볼 수 있다. 코스피 지수는 2024년 말 2,400포인트였다가 꾸준히 상승하면서 2025년 11월 말

3,926포인트까지 상승했다. 시장이 비록 상승했지만 내 자산은 왜 상승하지 못하고 있는지 소외감을 느끼는 투자자가 속출하고 있다. 분명히 국내 주식 시장을 투자하고 있는데 말이다.

그렇다면 이러한 강세장에서 어떠한 포트폴리오로 투자하면 좋을지 예를 들어 보자. 물론 결과를 알고 투자한다면 레버리지 ETF에 몰빵 투자하는 것이 좋겠지만, 강세장이 지속될 경우의 분산투자를 기본 원칙으로 한 전략이다.

강세장 ETF 포트폴리오 예			
	구분	비중	종목
1	시장대표지수	50%	TIGER200TR
2	성장주/테마	30%	KODEX AI 전력핵심설비 HANARO원자력iSelect Plus방산
3	레버리지	20%	KODEX레버리지 TIGER반도체TOP10레버리지

대표지수에 50% 넘게 투자하면서 시장 상승에 편승해야 하며, 강세장이 지속될 때는 TR(Total Return : 분배금 재투자) ETF가 좋다. 그리고 시장의 강세를 주도적으로 이끄는 성장주 및 테마주에 30% 투자하고, 레버리지 ETF는 복리 효과가 있기 때문에 약 20% 수준에서 투자한다. 종목들은 뒤에 설명하는 '제3장 ETF 유형별 핵심'을 이해한 뒤 비슷한 종목들로 교체할 수 있다.

하락장에서 자산을 지키는 ETF 전략

시장이 지속적으로 하락하는 약세장에 투자하는 방법은 사실 어렵다. 투자를 하지 않고 현금으로 가지고 있는 것이 가장 좋은 방법이긴 하지만 타이밍을 맞추기가 쉽지 않다. 특히 상승장이었다가 하락장(Bear Market)으로 전환되는 시장이라면 적절하게 투자하기 어렵다.

시장이 하락장으로 가는 징후가 보인다면 인버스 ETF로 투자하면서 안정적인 초단기 채권 ETF로 전환해 가는 전략을 추천한다. 채권형 비중을 늘리며 주식형에는 방어적 섹터 ETF으로만 10% 이하 투자하는 전략이다.

약세장 ETF 포트폴리오 예		
구분	비중	종목
초단기채권	30%	RISE머니마켓액티브
중기채권	20%	KODEX국채3년
방어적 섹터	10%	HANARO K-푸드 TIGER200경기방어
금/원자재	20%	SOL국제금 ACE금현물
인버스	20%	KODEX200선물인버스2X TIGER인버스

횡보장에서 수익 기회를 만드는 방법

횡보장(Soideways Market)은 시장이 일정 범위 내에서 등락을 반복하면서 방향성을 보이지 않는 박스권 장세를 말한다. 이때는 커버드콜 ETF 및 고배당, 리츠 ETF 위주로 포트폴리오를 구성하는 전략을 사용한다. 레버리지와 인버스 ETF에는 투자하지 않는다. 현금성 초단기채권 비중을 유지하면서 시장 상승장 변환 시 대응할 수 있도록 한다.

횡보장 ETF 포트폴리오 예		
구분	비중	종목
커버드콜	30%	PIUS고배당위클리커버드콜 RISE200위클리커버드콜
리츠	20%	KODEX한국부동산리츠인프라
고배당	20%	KoAct배당성장액티브 TIMEFOLIO Korea플러스배당액티브 PLUS고배당
초단기채권	30%	RISE머니마켓액티브

지뢰밭 두더지 잡기식
자산배분 운용 방법

초고수용 ETF 포트폴리오 운용법이 있다. 실제로 큰 자금을 ETF로 자산배분하여 운용하는 매니저가 사용하는 방법이다.

그는 ETF를 약 100개 정도 소량으로 다양한 자산에 분산해서 사 둔다고 한다. 그리고 모든 매수 가격을 엑셀에 정리해서 파악하고 있다가 상승하는 테마가 보이면 집중해서 투자한다고 한다.

지뢰를 깔아 두고 있다가 어느 한 곳이 터지면 집중 사격(투자)하여 두더지를 잡고(수익을 내고) 빠져나오는 방법이다. 초보 투자자들에게는 힘든 방법이지만 투자 감각을 익히는 데 도움이 되니 충분히 시도해 볼 만하다. ETF는 1주씩도 매매가 쉽게 되기 때문이다.

시장 방향성을 판단하는 기술적 분석

시장이 강세장이 될 것인지, 하락장이 될 것인지, 아니면 횡보장이 될 것인지에 대한 예측은 쉽지 않다. 시장 장세를 예측하며 바로바로 대응하면서 포지션을 찾는 것은 매우 어렵다. 시장에서 많이 쓰이고 또한 내가 실제로 많이 사용하고 있는, 가장 유용하며 기본적인 이동평균선 방법과 DMI 지표를 활용한 방법으로 파악하는 것을 알아보자.

이동평균선 이용하기

간단하게 적용하는 방법은 200일 이동평균선으로만 구분하는 것이다.

2011. 11.~2025. 11. 기준, Namuh증권

1. 200일 선을 기준으로 위에 있을 때 : 상승장 포트폴리오

2. 200일 선을 기준으로 아래에 있을 때 : 횡보장 및 하락장 포트폴리오

코스피 시장을 기준으로 200일 이동평균선 위에 있을 때만 강세장 포트폴리오를 가져가고 그렇지 않을 경우에는 포지션을 줄인다.

보다 적극적으로 방향성을 본다면 60일 이동평균선과 200일 이동평균선을 기준으로 60일 이동평균선이 200일 이동평균선을 넘어가는 골드크로스가 나오면 강세장 전략, 반대로 60일 이동평균선이 200일 이동평균선을 내려가면 데드크로스로 약세장 전략으로 활용하는 투자자들도 있다.

DMI 지표 활용하기

DMI란 Direction movement index의 약자로 시장의 추세를 판단하는 지표이다. 상승 추세인지 하락 추세인지를 파악하는 데 가장 유용하다.

코스피종합지수 2일봉을 기준으로 보조지표에서 DMI 매수, 매도 신호를 체크하면 시장이 상승할 때와 하락할 때 신호가 먼저 들어오게 된다. 표시한 분홍색 화살표가 매수이며, 파란색 화살표가 매도 신호이다. 증권사 HTS를 활용하면 쉽게 지표를 얻을 수 있다.

예를 들어, 2025년 4월 매수 신호를 보자. 아래 그래프에 4월 28일 자로 코스피 2일봉에서 DMI 매수 신호가 들어왔다. 코스피 지수는 2,550 포인트였다. 4월에 매수 신호가 들어오고 나서 매도 신호는 8월에 한 번 나오고 다시 매수 신호로 전환되었다가 11월 21일에 매도 신호가 들어오면서 하락 중이다. 그래프에 저점 대비해서 피보나치 되돌림 그래프도 추가해 보았다.

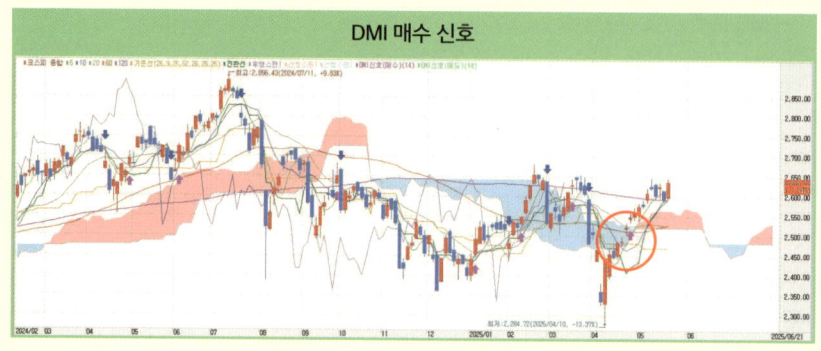

2025. 4. 기준, YseTrader

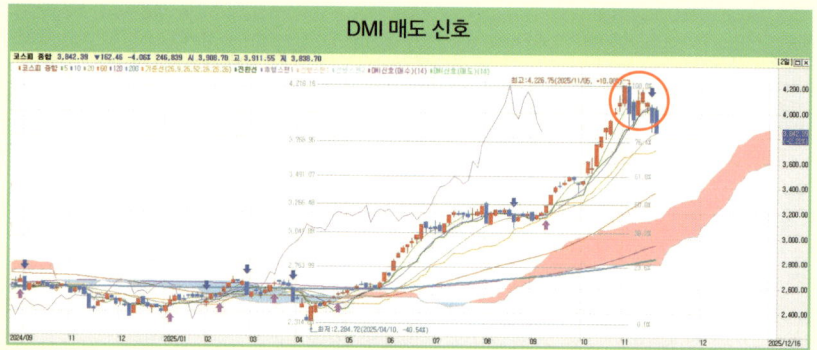

2025. 11. 기준, YseTrader

　DMI 지표를 활용한 전략으로 1일봉으로 해도 좋지만 너무 빈번한 매수, 매도 신호가 나오기 때문에 나는 2일봉으로 해서 이용하고 있다. 2025년 초반을 보면 매수와 매도 신호가 번갈아 나오면서 횡보장을 보여 주었지만 반드시 상승장 전에는 매수 신호가 출현한다는 장점이 있는 지표이다. 만약 내가 하락 포지션을 가지고 있다고 한다면 적어도 매수 신호 이후에는 하락 포지션을 비우면서 중립 또는 상승 전환의 준비를 해야 한다는 의미로 활용될 수 있다.

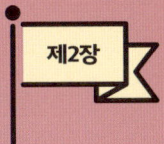

제2장

ETF의 기본 구조와
반드시 알아야 할
선택 기준

1

ETF란
무엇인가?

평생 주식이라는 것도, 투자해 본 적도 없었던 여동생이 갑자기 질문을 했다.

"오빠, 주식 시장이 5,000포인트 간다는데 뭐 사야 해?"

"오, 드디어 너도 투자라는 것을 해 보려고? ETF에 투자하는 게 좋을 것 같아. 넌 특히 주식 투자도 해 본 적이 없잖아. ETF가 딱이야."

동생을 무시하는 듯한 오빠와 여동생 간의 대화가 진행되었다. 가족 간에는 친절하게 말하는데도 친절하게 들리지 않는 듯하다.

"오빠, 또 잘난 척하면서 영어 쓰지 말고 ETF가 도대체 뭔데?"

동생은 약간 짜증난 듯이 대답했다. 동생은 2명의 자녀를 두고 있는 평범한 대한민국의 주부이다. 어렸을 적에 영어를 가르쳐 주던 때가 생각났다. 그때보다는 좀 친절하게 이야기해야지 하며 말을 이어 갔다.

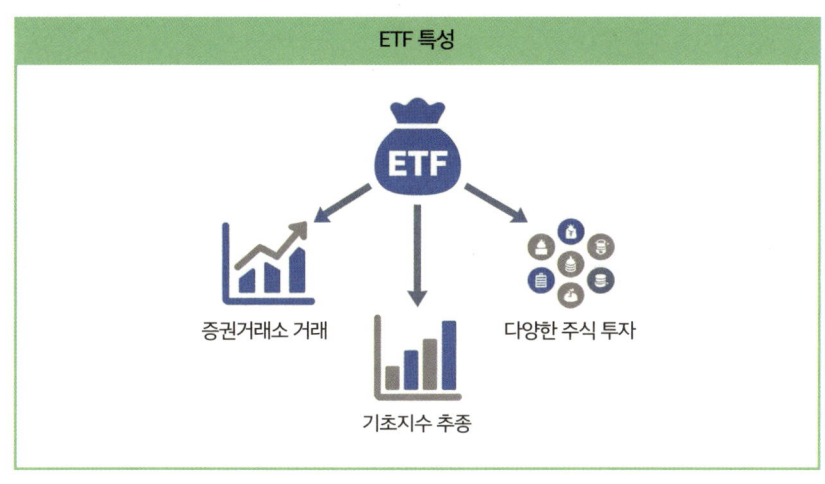

ETF 특성

증권거래소 거래

기초지수 추종

다양한 주식 투자

"그러니깐 ETF는 Exchange Traded Fund라고…."

"아, 됐고! 쉽게 설명해. 좀!"

동생은 짜증 수치가 더 올라 간 듯 말하는 중간에 끊어 버렸다. 원래 남매간의 대화는 이런 것 같다.

"그게 뭐가 어려워~ 쉽잖아. Exchange=거래소, Traded=거래되는, Fund=펀드! 이게 얼마나 쉬워. 그냥 바로 이해가 되잖아. 펀드는 알지?"

"응. 뭐 펀드매니저가 운용해서 수익률 주는 거 아니야?"

"응. 맞아. 그 펀드를 주식처럼 가격을 매겨서 거래소에서 거래되는 것을 이야기하는 거야."

"아, 더 모르겠는데…."

"알았어. 좀 더 쉽게 설명하면 주식은 알지? 삼성전자, 현대차, 포스코 이런 것들 말이야. ETF는 이런 주식을 한꺼번에 묶어서 살 수 있는 거야. 종합선물세트 같은 거지. 왜 옛날에 과자종합세트에 보면 초코파이, 땅

과자세트	ETF(주식종합세트)
	삼성전자 SK하이닉스 KB금융 카카오 NAVER 현대차 …

콩과자, 샤브레, 풍선껌, 사탕 등 한꺼번에 들어 있는 거 있잖아. 그렇게 주식을 한꺼번에 모아서 살 수 있는 거야.”

“아, 진작 그렇게 쉽게 이야기하지. 그냥 주식종합세트, 뭐 이런 거지?”

동생은 조금 이해가 간 듯 말했다.

“ETF가 미국에서 생겨서 우리나라로 들어와서 그런 거지. 사실 이름을 주식종합세트로 하면 좀 더 이해하기 쉬웠을 수도 있겠다.”

“그런데 왜 삼성전자만 사면 되지. 종합선물세트인지 뭔지를 사야 해?”

“삼성전자나 현대차 같은 주식을 사도 좋긴 한데, 그 둘 중에 어떤 것이 더 많이 올라갈지 모르잖아. 봐 봐. 요즘에 주식 시장이 4,000포인트 넘어갔다고 난리잖아. 그러니깐 너도 한 번 투자해 보려고 나한테 물어보는 거고…. 이건 예를 들어 줘야 해. 봐 봐. 너희 언니가 4년 전에 친구들과 모여서 여행 간다고 모은 돈으로 카카오에 투자했어. 17만 원에…. 근데 아직도 카카오는 그 가격이 안 왔어. 주식 시장은 그때보다 훨씬 많이 상승했는데 말이지.”

“당시 가격을 보면 카카오가 17만 3,000원까지 상승했어. 2020년 코

로나 때 급락했다가 상승할 때 말이야. 근데 지금은 7만 원도 안 되지.”

　“우리가 종합주가지수라고 이야기하는 코스피 시장 그래프를 봐 봐. 5년 전에 얼마였어? 코로나 때 1,400포인트까지 빠졌다가 2021년에 3,000

HANARO200 주봉

국내   HANARO 200   **57,840** ▲1,685
                      6,969   **3.00%**

주 ▼

60,135 (-3.82%, 11/07) ← 57,840 3.00%

17,537 (229.82%, 03/20)

■거래량

2019/12   2021   2022   2023   2024   2025   2025/11

2025. 11. 11. 기준, Namuh증권

포인트까지 그대로 상승했지. 그러다가 옆으로 2,500포인트 정도를 횡보하다가 최근에 이재명 대통령이 당선되자마자 다시 3,000포인트를 넘기고 순식간에 4,000포인트를 돌파했잖아. 그런데 카카오 주식은 2021년에 17만 3,000원까지 상승했다가 코스피가 횡보할 때 4만 원까지 빠졌다가 아직도 회복을 못하고 있어.”

“진짜 속상하겠다. 언니한테는 주식 시장 이야기하면 안 되겠네.”

“자, HANARO200 차트를 보면 가격이 2021년 카카오가 17만 원 넘어 갈 때 4만 원이었지. 지금은 다시 그 4만 원을 넘어서 5만 7,000원까지 올라왔어.”

“HANARO200이 뭔데?”

“우리나라 주식 시장 대표지수인 KOSPI200 지수를 그대로 따라가는 ETF야. 그렇기 때문에 시장이 상승하면 같이 상승하고, 하락하면 같이 하락하게 되는 거야."

"어, 그렇네. 코스피 그래프와 HANARO200 그래프가 얼추 비슷하네."

동생은 이제야 내 말을 수긍하는 것 같았다.

"그러니까 오빠 말은 주식을 이거 살지 저거 살지 고민하지 말고 주식 종합세트인 KOSPI200 ETF를 사라는 거지?"

"맞아. 바로 그거지. 그래야 시장이 상승할 때 수익을 얻을 수 있다는 것이 중요한 거야. 주식을 한 종목 잘 선택한다면 더 좋은 수익률을 얻을 수 있겠지만, 잘못 선택한다면 주식 시장이 상승하면 할수록 더 답답해지니까 말이야."

"근데 오빠, ETF는 분산투자한다는 것 말고 다른 장점은 뭐야?"

"펀드인데 주식처럼 기준가를 보면서 실시간 매매가 된다는 것과 매도할 때는 비과세라는 장점이 있지. 단 국내 주식형에 국한되지만…. 또 펀드이지만 투자 종목이 무엇인지 매일매일 공개되어서 투명하다는 장점이 있지."

"그래 좋네. 장점이 많네."

"맞다. 다양한 자산에 쉽게 투자할 수 있다는 장점도 있네. 주식, 채권, 원자재, 부동산 등등 말이지. 다양한 나라에도 쉽게 투자할 수 있어. 미국, 중국, 일본, 베트남, 인도 등등 말이지."

2
기초지수를 이해해야 ETF가 보인다

"ETF의 개념은 이제 이해가 좀 되지?"

"그러니깐 이해할 듯 말 듯한데 대략 이해는 돼."

답변이 끝나자마자 동생은 마치 기다렸다는 듯이 질문을 쏟아냈다. 본인도 공부하고 싶었던 것 같다.

"그러면 HANARO200 사면 되는 거야? KODEX200, TIGER200, ACE200 등 200 들어간 게 많은데? 어떤 것 사야 해? 이게 비슷한 거야?"

동생이 질문했다. 어디서 들은 것은 좀 있는 것 같았다.

"맞아 200이 들어간 ETF는 거의 비슷한 수익률을 보이는데 그것은 바로 추종지수(기초지수)가 같기 때문이야."

"추종지수, 기초지수? 그게 뭐야?"

"모든 ETF를 보면 기초지수라는 것이 있어. 추종지수, 지수(인덱스)를 따라간다고 하면 딱 이해하기 좋은데, 예를 들어 뒤에 200이 붙은 것들은 코스피200 지수를 추종하는 거야. 그래서 코스피200 지수가 1% 오르면 코스피200 ETF들은 1% 오른다고 보면 돼. 코스피200이라는 것은 코스피(유가증권시장)에서 시가총액 상위 200 종목으로 구성되어 있는 지수야. 우리나라의 대표지수라고 보면 되지. 미국은 S&P500지수가 대표지수야. 코스피 지수, 코스닥 지수라고 크게 2가지 시장이 있는데 코스피는 종합주가지수라고도 불러. 코스닥은 미국의 나스닥처럼 기술주 위주의 종목을 거래하는 시장이라고 보면 돼."

국가별 대표지수				
국가	한국	미국	중국	일본
대표지수	KOSPI200	S&P500	CSI300	TOPIX
	KOSDAQ150	나스닥100	FTSE A50	NIKKEI225

"예를 들어 코스피200 지수를 보면 삼성전자부터 시작해서 200종목으로 구성이 돼. 삼성전자, SK하이닉스, KB금융 등으로 구성되지."

코스피200 구성 종목 상위 10			
종목 코드	회사명	비중(%)	지수시가 총액(백만 원)
005930	삼성전자	24.86%	457,830,717
000660	SK하이닉스	17.65%	325,125,856
105560	KB금융	2.18%	40,108,833
005380	현대차	1.94%	35,676,993
035420	NAVER	1.82%	33,440,982

코스피200 구성 종목 상위 10			
종목 코드	회사명	비중(%)	지수시가 총액(백만 원)
034020	두산에너빌리티	1.82%	33,432,808
012450	한화에어로스페이스	1.76%	32,363,253
055550	신한지주	1.75%	32,316,485
000270	기아	1.46%	26,880,843
068270	셀트리온	1.45%	26,752,684

2025. 11. 10. 기준, KRX

"그러면 HANARO200 ETF의 구성 종목과 비중을 한 번 봐."

HANARO200 구성 종목과 비중		
구성 종목명	주식수(계약수)	비중(%)
삼성전자	7,108	24.71
SK하이닉스	852	17.84
KB금융	493	2.20
현대차	205	1.92
두산에너빌리티	652	1.79
NAVER	197	1.77
한화에어로스페이스	53	1.77
신한지주	648	1.76
기아	375	1.47
셀트리온	235	1.41

2025. 11. 10. 기준, KRX

"봐 봐. 거의 비중이 똑같지? 다른 것도 보여 줄까? 뒤에 200이라고 있는 ETF 중에 제일 오래된 KODEX200을 볼까?"

KODEX200 구성 종목과 비중		
구성 종목명	주식수(계약수)	비중(%)
삼성전자	7,098	24.77
SK하이닉스	851	17.89
KB금융	491	2.20
현대차	205	1.92
두산에너빌리티	650	1.79
NAVER	197	1.78
한화에어로스페이스	53	1.77
신한지주	633	1.73
기아	371	1.46
셀트리온	234	1.41

2025. 11. 10. 기준, KRX

"봐 봐. 다른 200ETF의 구성 종목과 비중이야. 거의 비슷하지. 주식수만 좀 차이가 나고 비중은 완전 똑같아"

"오, 그렇네. 거의 똑같네. 종목수만 조금 차이가 나고 거의 비슷하다."

"비슷한 이유가 200ETF는 기초지수가 코스피200이기 때문이야. 그렇다면 코스피200 지수가 올라가면 올라가는 대로, 떨어지면 떨어지는 대로 따라가겠지. 어떤 ETF라도 일단 기초지수가 무엇인지 그것부터 파악해야 해. 그게 순서야."

2차전지 종목			
종목명	상장일	운용사	기초지수
KODEX2차전지산업	2018. 9. 12.	삼성자산운용	FnGuide 2차전지 산업 지수
TIGER2차전지테마	2018. 9. 12.	미래에셋자산운용	WISE 2차전지 테마 지수
TIGER2차전지TOP10	2020. 10. 7.	미래에셋자산운용	KRX 2차전지 TOP 10 지수
ACE2차전지&친환경차액티브	2021. 5. 25.	한국투자신탁운용	FnGuide 친환경 자동차 밸류체인 지수
RISE2차전지액티브	2022. 4. 8.	KB자산운용	iSelect 2차전지 지수(시장가격지수)
SOL2차전지소부장Fn	2023. 4. 25.	신한자산운용	FnGuide 2차전지 소부장 지수(PR)

2025. 8. 8. 기준, KRX

"테마형 ETF를 살펴볼까? 2차전지 종목 표를 보면 2차전지라고 이름이 되어 있는데, 이것들은 전부 보면 기초지수가 각각 다르지. 그렇게 되면 내가 투자하려고 하는 ETF의 기초지수가 무엇인지 먼저 파악해야 돼."

"그러네. 이름만 보면 다 비슷한데 기초지수를 보면 전부 다른 지수구나. ETF 이름을 보면 앞에 영어로 KODEX, TIGER, ACE로 시작하는데 이건 뭘 뜻하는 거야?"

"ETF는 이름이 앞에 영어가 먼저 나오고 추종지수가 나오게 구성되어 있어. 이건 국제적으로 다 이렇게 쓰고 있어. 예를 들어, KODEX2차전지면 KODEX 삼성자산운용에서 만든 2차전지 지수를 추종하는 ETF라고 볼 수 있는 것이지."

운용사별 영어 이름	
운용사	ETF 이름
삼성자산운용	KODEX
미래에셋자산운용	TIGER
KB자산운용	RISE
한국투자신탁운용	ACE
신한자산운용	SOL
한화자산운용	PLUS
키움투자자산운용	KIWOOM
NH-Amundi자산운용	HANARO
하나자산운용	1Q
타임폴리오자산운용	TIMEFOLIO
삼성액티브자산운용	KoAct
우리자산운용	WON
교보악사자산운용	파워
유리에셋자산운용	TREX
트러스톤자산운용	TRUSTON
한국투자밸류자산운용	VITA
현대자산운용	UNICON
더제이자산운용	더제이
마이다스에셋자산운용	마이다스
DB자산운용	마이티
iM에셋자산운용	아이엠에셋
에셋플러스자산운용	에셋플러스
브이아이자산운용	FOCUS
흥국자산운용	HK
KCGI자산운용	KCGI
IBK자산운용	ITF
대신자산운용	DAISHIN343

2025. 11. 10. 기준, KRX

"근데 왜 운용사 이름을 안 쓰고, 영어로 이름을 짓는 거야?"

"ETF는 캐나다에서 처음 만들어졌고, 미국에서는 1993년에 만들어져서 이미 상장되어 있었어. 2002년에 우리나라에 ETF가 처음 상장될 때 해외와 비슷하게 가야 된다고 생각해서 그렇게 된 거야. 이제는 운용사별로 이름을 달리하여 운용사와 다른 브랜드로 운용하는 곳도 많아. 사실 글로벌한 암묵적인 약속으로도 볼 수 있지. 미국도 iShares S&P500, Vangard S&P 500 이렇게 써."

"맞아. 나도 본 적이 있는 것 같아."

"우리나라에 처음 상장된 ETF가 KODEX인데, 왜 그렇게 만들었는지 알아?"

"글쎄, 뭔가 심오한 뜻이 있는 거야?"

"KOREA+INDEX, 여기에서 KOREA에서 'KO' 가져오고, INNDEX에서 'DEX' 가져와서 합쳐서 KODEX가 된 거야."

"생각보단 어렵지 않네."

"다른 운용사들은 브랜드 이름을 회사 이름이나 그룹의 상징적인 이름으로 쓰고 있어."

"그렇게 보이네. HANARO는 농협, SOL은 신한, 키움은 KIWOOM 등등."

"브랜드+기초지수, 이렇게 쓰인다고 보면 돼. 이런 방법은 거의 국제적인 규칙(룰)이야."

"우리나라 ETF는 처음에는 이름이 들쭉날쭉 정신없다가 이제는 이름만 봐도 어느 정도 알 수 있도록 만들고 있어. 우선 제일 처음 운용사 이름 먼저 나오고 그 다음에 지역을 써. 미국, 중국, 일본 등이 섞여 있으면 글로벌이라고 쓰고, 만약 아무 나라도 안 써 있다면 우리나라 기업에 투자하는 ETF라고 생각하면 돼."

ETF 브랜드명 + 지역 + 기초지수

ETF 이름과 성격	
ETF 이름	**내용**
KODEX2차전지산업	삼성자산운용에서 운용하는 국내 2차전지산업에 투자
HANARO K-뷰티	NH-Amundi자산운용에서 운용하는 국내 K-뷰티 산업에 투자
PLUS K방산	한화자산운용에서 운용하는 국내 방산산업에 투자
ACE베트남VN30(합성)	한국투자신탁운용에서 운용하는 베트남 기업에 투자(VN30지수)
TIGER차이나전기차Solactive	미래자산운용에서 운용하는 중국 전기차에 투자(Solacitve지수)

"ETF 이름에 영어가 자꾸 더 들어가는데 브랜드명 말고 다른 것은 뭐야?"

"ETF 이름 속에 MSCI, Solactive, iSelect, Fn 등을 붙여 쓰는 경우가 있는데, 이것은 기초지수를 제공하는 회사 이름이야."

"KODEX차이나2차전지 MSCI(합성)은 삼성자산운용에서 운용하는 중국 2차전지에 투자하는 상품이지. 아까 이야기한 TIGER차이나전기차Solactive와 비슷해 보이지만 뒤에 붙는 일름은 기초지수 회사가 다른 것을 보여 줘. Solactive인지 MSCI인지 말이야."

"기초지수를 만드는 회사가 뭐야?"

"ETF에는 반드시 기초지수가 필요하다고 이야기했지? 그 기초지수를 산출하고 지수를 제공하는 없체를 말해. 우리나라뿐만 아니라 해외에도 기초지수를 만드는 회사가 많지. 예를 들어, 해외에는 S&P, MSCI, Solactive. 블룸버그 등이 있고, 국내에는 Fn-guide, KRX(거래소), iSelect (NH증권) 등이 있어."

"응. 알았어. 그런데 뒤에 액티브라고 써 있는 건 뭐야? ACE 테슬라밸류체인 액티브."

"ETF는 패시브 펀드에서 시작해서 아무것도 쓰여 있지 않으면 패시브를 뜻해. 패시브는 PASSIVE, 즉 말 그대로 수동적인, 소극적이라는 뜻으로 운용을 패시브하게 한다는 뜻이야. 그 반대는 ACTIVE(액티브)가 되는 거야."

"운용을 소극적으로 한다는 것은 뭐야?"

"운용을 패시브하게 하는 것은 운용의 한 방법이고, 기초지수를 최대한 추종하면서 운용한다는 뜻이야, 반대로 액티브 운용은 기초지수보다 더 훨씬 많은 수익을 내려고 보다 액티브하게 운용한다는 뜻이지. 예를 들어 설명할게. 코스피200 지수를 추종하는 패시브 운용과 액티브 운용이 있다고 하면, 코스피200지수가 1년 동안 10% 올랐어. 그러면 패시브 운용은 약 12~13% 정도 초과성과를 추구하려고 운용하는 것으로 생각하면 되고, 액티브 운용은 15% 이상 수익을 추구하려고 운용한다고 생각하면 돼. 그런데 이게 딱 정해져 있는 것은 아니고 대략적으로 그 정도라고 생각하면 돼. 패시브하게 운용하는 펀드를 주로 인덱스 펀드라고 부르기도 해. 그 인덱스를 잘 따라가게 운용하는 펀드라는 거야. 바로

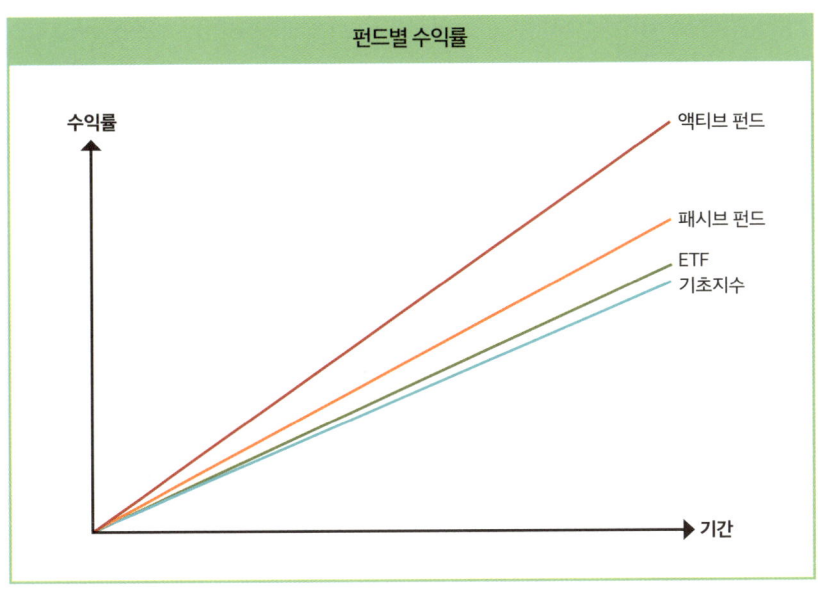

펀드별 수익률

수익률

액티브 펀드

패시브 펀드

ETF
기초지수

기간

그 인덱스 펀드를 상장시켜서 주식처럼 거래되게 만든 것이 ETF라고 생각하면 되는 거야. ETF는 퓨어인덱스 펀드라고도 이야기하는데 완전히 기초지수만 딱 붙어서 운용한다고 보면 돼. 그래서 ETF라면 1년 동안 약 10% 이익이 난다고 생각할 수 있어."

"아, 그럼 액티브라는 말이 없는 것들은 패시브라는 이야기네."

"맞아. 바로 그거야. ETF 출발을 패시브 펀드, 인덱스 펀드에서 시작했는데 이제는 액티브 펀드도 상장되어서 ETF로 매매할 수가 있는 것이지."

"참, 방금 이야기한 것은 운용 방향이 그렇다는 것이지. 항상 액티브 운용 수익률이 기초지수보다 좋다고 할 수는 없어. 패시브 펀드나 ETF도 상황에 따라 기초지수보다 낮은 수익률을 기록할 수도 있어."

"그건 알아. 또 궁금한 건 ACE베트남VN30(합성)이라는 게 있던데 (합성)은 뭐야?"

"합성은 ETF를 만드는 방식이 실물(physical) 방식이냐 합성(Synthetic) 방식의 차이를 말하는데….'

"아, 근데 오늘은 시간이 없어서 거기까지만 하자. 하여간 뭐 위험하거나 하면 안 되는 그런 것은 아니지?"

"응. 걱정하지 말고 기초지수 확인하고 투자하면 되고 합성 방식은 나중에 시간될 때 따로 설명해 줄게."

(제7장. ETF 구조와 작동 원리 : 수익과 위험의 본질을 읽다 참조)

"마지막 질문! 그럼 기초지수가 없는 ETF는 없어?"

"액티브 ETF는 기초지수가 아니라 비교지수라고 써. 그렇지만 기초지수 개념처럼 지수 수익률을 어느 정도 따라가야 해."

"결국 기초지수가 없는 ETF는 없다. 반드시 ETF를 알려면 어떤 기초지수를 추종하는지 먼저 파악하는 게 기본인 거네."

ETF 이름이
제각각인 이유

ETF가 처음 상장될 때 이름은 브랜드명 뒤에는 기초지수 이름이었다. 처음에는 우리나라 대표지수부터 시작했기에 KODEX200, KOSEF200, TIGER200 등 이름이 간단했다. 만약 ETF 기초지수를 붙인다면 원래 이름은 KODEX미국S&P500처럼 KODEX한국KOSPI200이 되어야 맞다. 그런데 쉽게 만들기 위해서 KOEX200으로 시작했다.

레버리지 ETF가 출시될 때도 처음 이름에는 KODEX레버리지라고 간단히 표시했다. 그런데 뒤에 나오는 ETF들은 200선물레버리지라고 이름이 바뀌어서 나왔다. 코스피200선물지수를 추종하는 상품은 뒤에 200선물레버리지라고 써야 한다고 했기 때문이다. 그래서 뒤에 나오는 ETF들은 이름에 PLUS200선물레버리지처럼 조금 더 추종지수를 알기 쉽게 붙어 있다.

그렇지만 여전히 KODEX, TIGER, ACE ETF 뒤에 레버리지만 쓰고 있다. 물론 기초지수가 그냥 레버리지를 붙인 것은 코스피200이고, 뒤에 200선물레버리지라고 붙은 것은 코스피200 선물지수이다. 코스피200지수는 현물+선물로 운용되고, 코스피200 선물지수는 선물로 주로 운용된다. 그건 파생상품위험한도가 2016년에 100% 이상 가능한 것으로 바뀌었기 때문이다.

ETF 이름을 만들 때 한국 지수회사에 만든 기초지수에는 ETF 이름에 지수 이름을 넣지 않았다. 예를 들어, 초창기 한국 기초지수회사는 KRX (한국거래소), Fn-Guide 식이었다. 그래서 HANARO e-커머스는 Fn-Guide에서 만든 지수인데도 중간에 지수회사 이름이 들어가지 않았다. 그런데 뒤에 나온 HANARO Fn K-반도체 같은 경우는 중간에 Fn이라는 이름이 들어간다. 한국 지수회사도 이름을 넣어야 한다고 정책이 바뀌었기 때문이다. 그런데 이제 다시 안 넣어도 된다고 해서 HANARO K-뷰티라고 지수회사를 쓰지 않고 있다.

이제는 최대한 ETF 이름을 투자자들이 알아볼 수 있게 쉽게 상장하고 있지만, ETF가 커 가는 과도기에는 이름이 어렵고 통일성이 없게 느껴질 수도 있다. ETF 종목이 1,000개 넘기 때문에 앞으로도 ETF 이름을 좀 더 통일성 있게 조정할 필요가 있다.

ETF 이름이 규칙이 없고 들쭉날쭉한 이유는 거래소 담당자들이 계속 바뀌기 때문이다. 지금도 헷갈리는 것 중 하나는 'TIGER중국소비테마 ETF'이다. 이름만 보면 헷갈리는 ETF 중 하나이다. 처음에는 중국 소비주에 투자하는 줄 알았는데 중국인들이 우리나라에 와서 소비하는 테마 관련 ETF이다. 중국에 투자하는 게 아니고 국내 주식에 투자하는 상품인 것이다. 이름만 가지고 판단하면 안 된다.

3

ETF 보수
: 장기 수익률을 좌우하는 핵심 요소

"기초지수를 파악하는 게 제일 먼저 해야 하는 것이라는 것은 알았어. 200 ETF 보니까 여러 가지 있는데 다 똑같은 거라고 생각하면 돼? 어떤 것을 선택해야 돼? 아무거나 사?"

"먼저 투자하고 싶은 기초지수를 찾았다고 하자. 예를 들어, 우리나라 대표지수인 코스피200 ETF를 투자한다고 하면 그 다음은 보수를 체크하지. 기초지수가 비슷하니까 수익률도 거의 비슷하다고 보면 돼. 운용사별로 조금씩 차이가 나기도 하지만 큰 차이는 없어."

주요 코스피200형 ETF 운용사와 보수률			
종목 코드	종목명	운용사	총보수
152100	PLUS200	한화자산운용	0.017
148020	RISE200	KB자산운용	0.017
105190	ACE200	한국투자신탁운용	0.017
293180	HANARO200	NH-Amundi자산운용	0.036
102110	TIGER200	미래에셋자산운용	0.05
069660	KIWOOM200	키움투자자산운용	0.05
069500	KODEX200	삼성자산운용	0.15
108590	TREX200	유리에셋자산운용	0.325

단위 : %   2025. 8. 8. 기준, KRX

"그래서 대표지수 같은 코스피200형 ETF를 보면 대표지수를 투자하는 것이라 주로 오래 투자할 가능성이 높기 때문에 먼저 보수를 봐. 5년 수익률을 보면 보수가 저렴한 것이 수익률이 높은 편임을 볼 수 있어."

"보수가 뭐야? 그럼 내가 100만 원 투자하면 보수만큼 떼고 매수되는 거야?"

"ETF는 증권사를 통해서 매수하게 되는데, 보수를 미리 떼지는 않아. 어느 증권사를 이용하느냐에 따른 증권매매수수료를 내지."

"증권매매수수료? 그건 그냥 주식 살 때도 내는 것 아냐? ETF 말고 말이야."

"맞아. 그건 그렇지."

"그럼 ETF는 언제 보수를 빼는데?"

코스피200 지수형 ETF 수익률						
종목명	운용사	3개월	6개월	1년	3년	5년
PLUS200	한화자산운용	28.42	63.43	64.00	81.66	75.85
RISE200	KB자산운용	28.42	63.55	63.86	82.21	74.97
HANARO200	NH-Amundi자산운용	28.56	63.55	63.93	82.03	74.39
ACE200	한국투자신탁운용	28.47	63.50	62.56	81.00	74.06
TIGER200	미래에셋자산운용	28.37	63.57	63.62	81.57	73.95
KODEX200	삼성자산운용	28.46	63.32	63.97	81.73	73.88
KIWOOM200	키움투자자산운용	28.35	63.65	64.15	81.64	73.58
파워200	교보악사자산운용	28.60	63.59	64.14	81.27	72.61
TREX200	유리에셋자산운용	28.23	63.31	62.01	77.75	72.47

단위 : %   2025. 8. 8. 기준, KRX

　"HANARO200 ETF 보수는 예를 들어 0.036%라고 하면 100만 원이면 360원이지. 360을 1/365로 나누어서 매일매일 NAV(순자산가치)에서 빼는 거야. 하루에 약 1원 정도가 줄어드는 거지. 근데 ETF는 5원 단위로 거래되니까 거의 영향이 없을 정도야."

　"그러니까 HANARO200 ETF는 실제가격은 57,840원이고, 추정NAV(순자산)은 57,879.50이라고 나오지. 뒤에 0.50원 식으로 나오는 게 보수를 조금씩 빼서 반영한다는 거야."

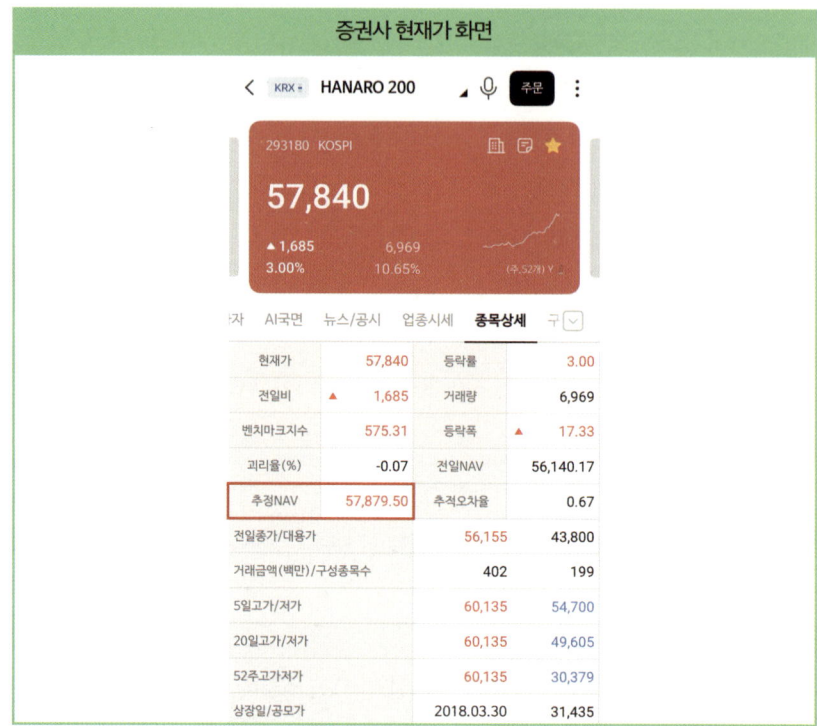

2025. 11. 10. 기준, Namuh증권

"뭐가 이렇게 복잡해. 갈수록 더 어려워지잖아. 그냥 ETF 보수는 신경 안 써도 된다는 거지?"

"그래도 장기적으로 투자할 때는 보수가 저렴한 걸로 하는 게 좋지. 오늘은 여기까지 하고 나중에 더 이야기해 줄게."

"그래도 결론은 내야지. 뭐 사라고?"

"일단 오래 둔다고 생각하면 보수가 저렴한 PLUS 200, RISE 200 ETF 중에 사는 게 좋을 것 같다."

"알았어."

4
거래량으로 ETF
유동성 확인하기

동생은 이후 ETF를 조금 매수했다. 얼마 지나지 않아 다시 만났는데 투자를 하고 나니 궁금한 것이 더 많아졌는지 보자마자 이야기를 꺼냈다.

"지난번에 보수 이야기는 했고, 그래서 보수가 가장 싼 PLUS200 ETF로 샀는데 거래량이 적더라. 보니깐 KODEX200, TIGER200은 거래량이 많던데, 왜 나한테 이걸 추천한 거야?"

"네가 오래 가지고 있을 것 같아서 추천한 거야."

"운용보수는 굉장히 작게 느껴지지만 오래 가지고 있을 경우에는 큰 차이가 날 수 있거든. 그래서 ETF를 매매할 때는 기초지수를 먼저 체크하고, 그다음은 보수, 그다음에 거래량을 체크해야 해."

이야기가 길어질 것 같은지 동생은 수험생 모드로 귀를 쫑긋하고 듣기 시작했다. 이미 200 ETF에서 수익이 나고 있으니 오빠를 좀 더 믿는

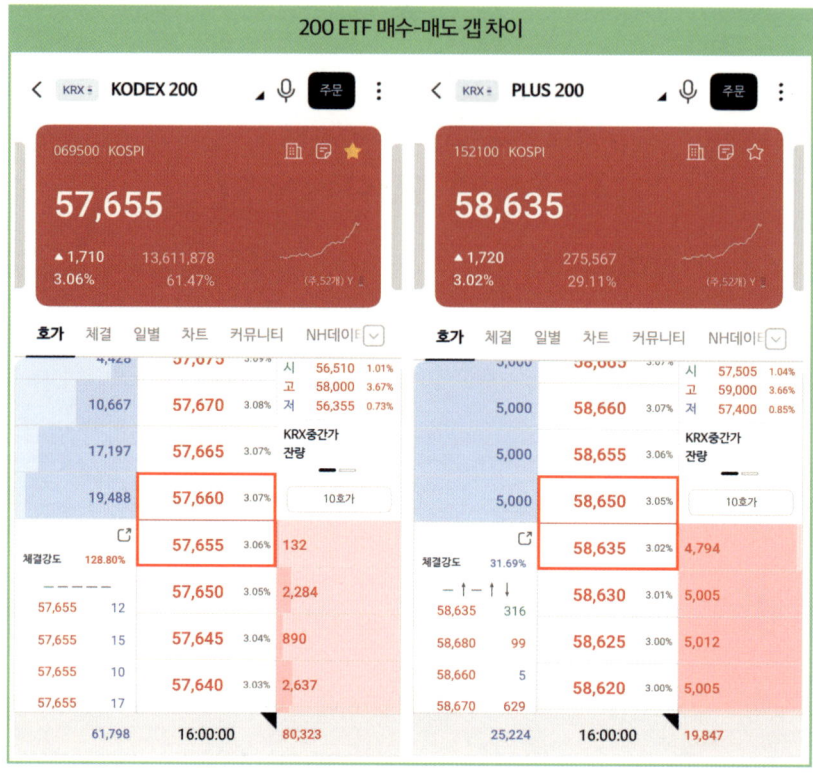

2025. 11. 10. 기준, Namuh증권

것 같았다. 나는 핸드폰에 있는 증권사 앱 화면을 바로 보여 주며 말했다.

"봐. 200형 ETF의 일 거래량이 많이 차이 나지. 어떤 종목들은 거의 거래가 안 되는 것도 있어. 하지만 거래량이 없다고 무조건 안 좋은 ETF라고 할 수는 없어. ETF는 거래량이 많으면 단타 거래에는 좋지만 장기적으로 봤을 때는 큰 차이가 나진 않거든. PLUS200(보수 : 0.017%)과 KODEX200(보수 : 0.15%)을 보면 거의 10배의 보수 차이가 나니까 장기 투자한다고 보면 보수가 저렴한 것을 택하는 것이 좋지. ETF는 거래량이 많으면 ETF LP(유동성 공급자)가 매수, 매도 호가를 넣어 주는데 그 사이에 호가가 있는가 없는가 차이가 난다고 보면 되지."

두 종류의 200 ETF 매수 1호가, 매도 1호가의 가격 차이를 봐. PLUS200은 58,650원 매도호가에 매수호가는 58,635원이지. 그러면 매도호가-매수호가의 차이는 15원이 되지. 그런데 KODEX200을 보면 57,660(매도호가) - 57,655원(매수호가) = 5원 차이밖에 안 나. 그건 바로 거래량 차이가 많이 나기 때문이야. LP도 매수, 매도 호가를 넣는 것은 200ETF 모두 비슷한데 거래량이 많은 경우는 그 호가 사이에도 다른 많은 투자자가 거래를 하기 때문에 호가 차이가 나는 것이야. 현재가 밑에 보면 거래량이 나오는데, KODEX200 거래량은 1,300만 주, PLUS200 거래량은 27만 주로 거래량 차이가 어마어마하지."

"진짜 거래량 차이가 많이 나는구나."

"ETF LP가 뭔지는 왜 안 물어 봐?"

"오빠가 옛날에 하던 거 아니야?"

"맞아. 내가 증권사에 있을 때 LP를 했지. 10년이나 더 된 것을 기억하다니 대단한걸."

"그냥 대략 찍은 거야. 그래서 뭔데? 설명해 줘."

LP=Liquidity Provider(유동성 공급자)

"ETF는 주식 시장에서 거래가 되어야 하기 때문에 LP 제도를 두었어. 그래서 상장하자마자 유동성을 공급하는 증권사가 매수, 매도 호가를 제공하게 되지. LP란 Liquidity Provider의 약자로 유동성을 공급하는 자를 말해. 주로 증권사야."

"예전에 음악 듣던 레코드 LP판이 살짝 연상되는걸."

"그럴 수 있지. 가끔 어떤 분들은 상장하자마자 투자자들 매매동향을 보면 기관 매도가 많다며 이상하다고 질문하시기도 해. 그건 증권사가 기관으로 잡히기 때문이야. LP가 처음으로 매도호가를 넣지 않으면 아무도 매수할 수가 없어. 매도 물량이 없으니까…. 그래서 증권사가 처음에는 가지고 있는 물량을 매도하게 되는 거야. 시장이 빠질 것 같아서 매도하는 것은 아니고, 증권사는 호가를 내며 델타 0(위험 중립)를 유지해야 하기 때문에 주식을 매수하는 거야."

"델타? 그런 단어 나오니까 머리가 어지럽네."

(제7장. ETF 구조와 작동 원리 : 수익과 위험의 본질을 읽다 참조)

"쉽게 말하면 결국 유동성 공급자가 호가를 넣는데 그 갭을 마음대로 넓히거나 좁힐 수가 없어, 거래소가 규제를 하기 때문이야. 그래서 LP 증권사들에서 행해지는 손실이 나지 않는 범위인 매수호가, 매도호가 차이를 보면, 국내 대표지수는 약 0.3% 미만, 국내 섹터 및 테마형은 약 0.5~1% , 해외 투자는 약 1~3% 이상이야. 그런데 그런 매수호가, 매도호가 차이는 거래소가 관리하니 (일정 수준 이상) 넓혀지지는 않지만 거래량이 많은 것은 갭 차이가 좁혀지지. 개인투자자들이 그 갭을 메워 주니까 매매하기가 수월해지는 거야. 즉 내가 원하는 ETF의 기초지수가 비슷하다면 보수와 거래량을 보면서 고르면 돼. 오래 투자할 것이면 거래량보다는 보수가 작은 것을 고르는 게 좀 더 나은 선택이 될 수 있지."

ETF 매수-매도 갭 평균		
국내 대표지수 약 0.3%	국내 섹터 및 테마 약 0.5~1%	해외 투자 약 1~3%

*시장 상황에 따라 변동될 수 있음

거래가 많은 투자자 : 거래량이 많은 ETF 선택

장기 보유할 투자자 : 보수가 저렴한 ETF 선택

"아하, 그래서 내가 매매를 많이 안 할 줄 알고 보수가 싼 것을 투자하라고 한 것이구나."

동생은 더 자세한 것은 물어 볼 필요가 없었는지, 이미 이익이 나서 그런지 더 이상 묻지 않았다. 사실 이 정도만 알아도 거래할 수는 있으니 말이다.

5
괴리율
확인 방법

"여보세요? 베트남 ETF 투자자인데요. ETF 호가가 이게 뭔가요? 가격이 이상한 것 같아요."

2016년 베트남 ETF를 상장하고 얼마 되지 않아서 개인투자자들의 문의가 빗발치기 시작했다. 그것도 그럴 것이 ETF를 상장하자마자 베트남 지수가 급격하게 상승하고 있었다. 최근 1주일 동안 베트남 시작이 지속적으로 올라가는 중이었다. 우리나라 투자자들이 9시에 우리나라 장이 시작하자마자 마치 우리나라 주식 시장에서 거래하듯이 묻지마 매수를 하는 것이었다.

"고객님. 베트남 호치민 시장은 우리나라 시간으로 11시 15분부터 거래됩니다. 그렇기 때문에 LP, 유동성을 공급하는 증권사의 호가의 원활한 공급은 11시 15분부터입니다."

"그래요? 그럼 9시부터 그 시간까지는 어떻게 움직이는 것인가요? 투자자들이 매수, 매도에 따라 막 움직이는 것인가요?"

"매수, 매도 세력에 의해 위로 아래로 급변동할 수 있습니다. 그렇기 때문에 투자하시기 전에 괴리율을 꼭 확인하셔야 합니다."

"괴리율이 뭔가요? 어디서 볼 수 있죠?"

"괴리율이란 실제 순자산가치와 실제 거래되는 가격의 차이를 말합니다."

괴리율(%) = 현재가 - 순자산가치(NAV)

"혹시 HTS에서 현재가 화면을 보고 계신가요? 그럼 거기서 ETF 현재가 화면으로 들어가 주세요. 주식현재가로 보시면 잘 안 나올 수도 있습니다."

"ETF 현재가를 보면 지금 11,000원입니다. 그럼 거기서 순자산가치(NAV)를 표시해 주는 것을 찾아야 합니다. 그리고 괴리율이라고 쓰여 있는 것을 보시면, NAV는 10,500원, 괴리율은 4.7%라고 나와 있습니다. 11,000원(현재가) - 10,500원(순자산가치) = 500원, 즉 순자산가치보다 4.7% 높게 거래되고 있는 것입니다."

"아, 그러면 지금 이게 정상인가요?"

"지금은 정상인지 아닌지는 알 수 없습니다. 베트남 호치민 거래소가 시작되어야만 알 수 있습니다."

"그렇다면 11시 15분 전까지는 상한가도 갈 수 있고, 하한가도 갈 수 있는 것인가요?

"그렇지는 않습니다. 만약 상한가 또는 하한가가 간다면 LP증권사 혹은 글로벌 차익 거래 세력들이 들어온 것인데 크게 차이는 나지 않습니다. 그렇지만 매매할 때에는 꼭 괴리율을 체크해야 합니다."

"알겠습니다. 해외 ETF에 투자할 때는 꼭 괴리율을 체크해야겠네요."

다음 표는 2025년 11월 10일 ACE베트남VN30(합성) ETF 종가 괴리율로 -0.99%이다. 이 정도면 크게 문제되지 않는 수준이다. 국내 ETF는

2025. 11. 10. 기준, KRX

괴리율이 1% 이상일 때, 해외는 3% 이상일 때 반드시 이상이 있는지 체크해 봐야 한다(제5장 ETF 투자에서 반드시 피해야 할 것들 참조). 해외의 경우 괴리율이 많이 벌어질 때는 해외 시장이 실시간 거래가 되지 않거나 휴장일 수 있기 때문이다.

베트남 시장은 우리나라 시장이 끝나고도 1시간 30분 더 거래가 되기 때문에 종가에는 괴리율이 많이 벌어질 때가 있다. 국내 주식에 투자하는 ETF 같은 경우는 괴리율이 거의 벌어지지 않지만 혹시 호가가 제대로 제공되지 않거나 거래가 거의 없을 경우에는 간혹 발생하기도 하니 괴리율을 확인하는 습관을 기르는 것이 좋다.

6

환헤지 ETF
: 언제 필요한가?

'국장에 투자하면 바보! 미장에 투자해야 한다!'라는 기사가 여기저기 나오던 때였다. 퇴근길에 초등학교 친구한테서 전화가 왔다.

"오, 친구야, 잘 지냈니? 뭐 하나만 물어보자."

"그래. 차가 밀려서 통화하기 괜찮아. 이야기해."

"내가 S&P500 ETF를 사려고 하는데, 종류가 너무 많네. 근데 같은 이름인데 뒤에 (H)가 붙은 게 있는데 무슨 차이냐?"

"그걸 발견했다면 아주 예리한데…."

"(H)는 헤지(Hedged)라고 환율을 헤지했다는 뜻이야. H가 붙지 않는 것은 환율을 오픈했다는 것이지."

"그렇구나. 그러면 지금은 뭐가 좋은 것이냐? 뭐 사야 해?"

"지금 달러 환율이 1,454원이야. 환율이 올라갈 것 같아? 빠질 것 같아? 어떨 것 같아?”

“난 빠질 것 같아. 지금 1,400원인데 다시 그렇게 크게 오르겠어?”

“그렇다면 (H) 붙은 걸로 해.”

“환율이 오른다는 것은 강달러가 된다는 것이니, 내가 투자하는 나라의 환율이 강세가 예상된다면 (H)가 붙지 않은 것으로 투자해야 하고, 반대로 달러가 약세가 되고 오히려 원화가 강세가 예상된다면 (H)가 붙은 상품으로 투자해야 하는 거야. 그런데 네가 환율이 더 이상 오르지 않을 것이라고 생각하거나 오히려 빠질 것이라고 생각한다면 환헤지 상품으로 투자하는 게 맞지. 즉 너는 (H)가 붙은 상품으로 투자해야 해.”

달러 강세(원화 약세) 예상 시 : 환헤지 ×
달러 약세(원화 강세) 예상 시 : 환헤지 ○

“오, 그래. 고마워.”

“잠깐, 그런데 운용사마다 차이가 있지만 환헤지 비용이 있기 때문에 네가 원하는 지수 수익률에 못 미칠 수 있다는 것도 감안해야 해.”

“그래? 비용이 얼마나 되는데?”

“그건 일정하지는 않은데 지금은 약 2% 정도 된다고 보면 될 것 같아.”

“환율이 급하게 움직이면 약 2% 정도야 우습지 뭐. 그건 내가 알아서 판단해서 투자할게. 고마워.”

“그래. 국내 투자가 아니 해외 투자 상품이면 반드시 환율이 오픈되었는지, 헤지되었는지는 고려해야 해. 꼭 참고해."

S&P500 환헤지 여부 수익률 차이				
상품명	1개월	3개월	6개월	1년
KODEX미국S&P500	4.26	11.97	25.51	19.34
KODEX미국S&P500(H)	-0.01	5.51	18.86	11.74

단위 : %

2025. 11. 7. 기준, KRX

7
구성 종목(PDF)으로
ETF 살펴보기

2차전지 열풍이 불었다. 2차전지, 2차전지테마, 2차전지소부장 등 2차전지에 관한 ETF가 하루가 멀다 하고 상장되었다.

"우리도 2차전지 ETF를 상장해야 합니다."

"아닙니다. 지금 2차전지 관련주들은 고평가입니다. 지금 상장하면 안 됩니다."

회사에서 지속적으로 회의가 행해졌다. 하지만 그 주식 시장은 고평가, 저평가로는 해결되지 않는 흐름을 보여 주었기 때문에 아무도 장담할 수 없었다. 때마침 경제TV에서 방송 요청이 들어왔다. 어차피 분석하고자 했는데 잘되었다 생각했다. 그래서 2차전지 관련 ETF를 정리하기로 했다.

경제TV 방송에서 다음과 같은 이야기를 했다.

"2차전지 관련 ETF는 우리나라에 이렇게 상장되어 있습니다. 2차전지

ETF를 살펴보면 기초지수가 조금씩 차이 납니다. 그런데 Fn 2차전지테마, Fn 2차전지소부장 등 지수만 보고서는 어떤 종목에 투자하는지를 알 수 없습니다. 그래서 투자하기 전에 꼭 확인해야 하는 것이 PDF(Portfolio Deposit file) 구성자산이라는 것입니다. 아래 표를 보시면 이해하기 쉬울 것입니다."

2차전지 구성 종목 비교					
KODEX 2차전지산업		TIGER 2차전지 Top 10		SOL 2차전지소부장	
종목명	비중(%)	종목명	비중(%)	종목명	비중(%)
POSCO홀딩스	16.37	LG에너지솔루션	29.38	LG화학	21.39
LG에너지솔루션	15.41	POSCO홀딩스	23.96	POSCO홀딩스	17.85
LG화학	14.06	SK이노베이션	19.63	에코프로비엠	12.71
삼성SDI	12.93	LG화학	7.30	에코프로	11.74
에코프로	7.05	삼성SDI	6.85	포스코퓨처엠	10.81
에코프로비엠	6.58	에코프로비엠	4.05	엘앤에프	4.30
SK이노베이션	6.02	에코프로	3.65	에코프로머티	4.12
포스코퓨처엠	5.42	포스코퓨처엠	2.84	이수스페셜티케미컬	2.24
나노신소재	3.46	SKC	1.24	코스모신소재	2.21
에코프로머티	1.82	에코프로머티	0.77	대주전자재료	1.86
엘앤에프	1.79			SK아이이테크놀로지	1.69
SKC	1.70			태성	1.37
코스모신소재	1.33			롯데에너지머티리얼즈	1.29
엔켐	1.12			나노신소재	1.14

2025. 8. 7. 기준, KRX

"2차전지 구성 종목을 보면, 이름이 비슷하다고 해서 똑같은 종목과 비율로 투자하지 않습니다."

"구성 종목을 비교해서 보면 KODEX2차전지산업은 포스코홀딩스 16.37%, LG에너지솔루션 15.41%, LG화학 14.06% 비중으로 투자하고 있습니다. 반면에 SOL2차전지소부장의 종목을 보면 LG화학 21.39%, POSCO홀딩스 17.85% 비중으로 투자하고 있습니다."

"TIGER2차전지 TOP 10이 있는데 이것은 LG에너지솔루션 29.38%, POSCO홀딩스 23.96% 비중으로 투자하는 것을 볼 수 있습니다. 만약 대표 종목들에 투자하고 싶다면 2차전지 TOP 10에 투자하는 것이 좋을 것입니다. 그렇지 않고 시가총액이 큰 종목보다 작은 종목에 투자하고 싶다면 KODEX2차전지산업 종목들에 투자하면 될 듯합니다. 특히 SOL 2차전지소부장이라는 ETF를 보면 에코프로비엠과 에코프로에 약 12% 씩 투자하고 있는데, 에코프로비엠 쪽에 비중을 많이 투자하고 싶다면 소부장 ETF에 투자해 봐도 좋을 듯합니다."

"그러네요. 이름이 비슷한 2차전지 ETF라고 해도 종목과 비중이 많이 차이 나네요."

앵커가 다시 한 번 정확하게 짚어 주었다.

"맞습니다. 이름이 비슷하다고 비슷한 수익률일 것이라고 생각하는 경우가 많은데, 반드시 구성 종목을 확인하고 투자하는 습관을 길러야 합니다. 실제로 이름만 가지고 판단하기 어려운 것이 많기 때문에 ETF에 투자할 때는 반드시 구성 종목을 확인하십시오."

국내 주식에 투자하는 상품들에서 기초지수가 대표지수인 것은 거의 구성 종목이 비슷하지만 구성 종목이 다른 경우가 상당히 많다. 특히 네플릭스에서 「케이팝 데몬 헌터스」가 방영된 이후인 2025년 8월 초에 K-뷰티에 관심이 많아지면서 급격하게 올랐던 뷰티 관련 ETF들을 살펴보자.

국내에 상장된 화장품 관련 ETF 3의 구성 종목을 살펴보면 일별 수익률에도 큰 차이가 나는 것을 확인할 수 있다. 화장품 테마에서 대장주는 에이피알 종목이었다. 당시 에이피알 종목에서 비중이 가장 큰 것은 HANARO K-뷰티로 18.28%의 비중을, TIGER 화장품은 12.99%의 비중을 차지했다. 2025년 8월 8일 유일하게 마이너스를 기록한 SOL TOP3 플러스의 경우에는 에이피알이 10.61%를 차지했다. 8월 8일 당일 에이피알이 4.78%의 상승을 기록하면서 3가지 뷰티 ETF에서 수익률이 크게 차이가 난 것이다. 이처럼 테마 ETF를 투자하려면 구성 종목부터 확

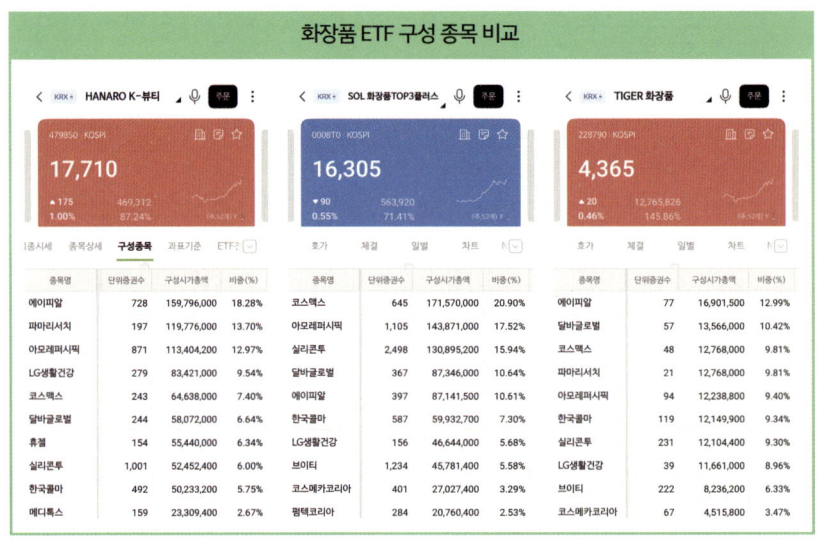

2025. 8. 8. 기준, NAMH증권 MTS

인하는 습관을 들여야 한다.

새로운 ETF가 나오면 제일 먼저 확인해야 하는 것이 '구성 종목과 종목 비중'이다. ETF를 투자하는 데 가장 중요한 지표가 되기 때문이다.

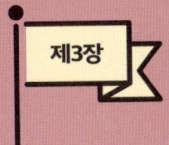

ETF
유형별 핵심

1
국내 대표지수 ETF

국내 대표지수에는 코스피200과 코스닥150 지수가 있다. 우리나라를 대표하는 기업들은 대부분 코스피(유가증권시장)에 상장되어 있어서, 대표지수라고 하면 코스피200이며, 코스피200 지수로 많은 ETF가 상장되어 있다.

거의 모든 운용사가 대표지수 ETF를 상장했다. 국내에 상장된 코스피200 추종 ETF를 보수가 낮은 순으로 정리해 보았다.

보수 인하 경쟁이 붙으면서 후발주자들인 PLUS, RISE, ACE ETF가 0.017%의 보수를 책정하고 있다. 보수라는 것은 1년 동안 ETF를 투자했을 때 수익률에서 매일매일 차감하는 것이라고 생각하면 쉽다. 적은 것처럼 보이지만 1억 원을 1년 동안 투자했다면 운용보수로 17,000~325,000원까지 차이가 나게 된다. 5년 동안 지속적으로 투자했다면 85,000~1,625,000

원의 차이가 나게 된다. 즉 장기적으로 투자할 경우는 되도록 보수가 낮은 것에 투자하는 것이 당연히 효율적이다.

코스피200 ETF

대표지수 ETF			
종목 코드	종목명	운용사	총보수(%)
152100	PLUS200	한화자산운용	0.017
148020	RISE200	KB자산운용	0.017
105190	ACE200	한국투자신탁운용	0.017
293180	HANARO200	NH-Amindi자산운용	0.036
448100	WON200	우리자산운용	0.05
102110	TIGER200	미래에셋자산운용	0.05
491700	HK200	흥국자산운용	0.05
0007N0	아이엠에셋200	iM에셋자산운용	0.05
69660	KIWOOM200	키움투자자산운용	0.05
472840	ITF200	IBK자산운용	0.08
434960	DAISHIN343K200	대신자산운용	0.10
152870	파워200	교보악사자산운용	0.145
69500	KODEX200	삼성자산운용	0.15
108590	TREX200	유리에셋자산운용	0.325

2025. 11. 7. 기준, KRX

200 ETF의 수익률이 전체적으로 비슷하다는 가정하에 나온 결과이다. 대표지수를 추종하는 ETF들의 전체적인 수익률을 보면 거의 비슷한데

코스피200 ETF 같은 경우는 지수 구성 종목인 200종목을 담아서 거의 완전복제를 하는 수준으로 운용하기 때문이다. 분배금을 분기에 한 번 주기도 하고 1년에 한 번 주기도 하지만, 구성 종목이 비슷하기 때문에 수익률과 분배율이 거의 비슷하다고 봐도 무리가 없다.

코스피200 추종 ETF 수익률 비교				
종목명	1개월	3개월	6개월	1년
WON200	12.74	27.56	63.92	64.45
KIWOOM200	12.54	28.35	63.65	64.15
파워200	12.79	28.60	63.59	64.14
PLUS200	12.97	28.42	63.43	64.00
KODEX200	12.86	28.46	63.32	63.97
HANARO200	12.83	28.56	63.55	63.93
DAISHIN343K200	13.07	28.53	63.65	63.92
RISE200	12.81	28.42	63.55	63.86
TIGER200	12.73	28.37	63.57	63.62
HK200	11.07	27.13	61.00	63.62
ITF200	12.68	28.03	63.41	63.27
ACE200	12.86	28.47	63.50	62.56
TREX200	12.51	28.23	63.31	62.01

단위 : %

2025. 11. 7. 기준, KRX

코스피200 추종 ETF들의 수익률을 1년 기준으로 살펴보았다. 운용 사별로 차이가 있긴 하지만 크게 의미 있을 정도는 아니다. 그러나 ETF

순자산과 거래량에서는 ETF별로 크게 차이가 난다. 우리나라에서 제일 처음 상장되었고, 대표지수를 투자하는 KODEX200은 순자산이 약 10조 원에 달하며, 거래대금도 6개월 평균 5,000억 원이 거래되면서 다른 ETF보다 월등히 많다.

대표지수 순자산 및 평균거래량			
종목명	운용사	순자산총액	평균거래대금(6개월)
KODEX200	삼성자산운용	10,309,798	519,566
TIGER200	미래에셋자산운용	4,126,804	114,035
RISE200	KB자산운용	2,034,882	48,541
PLUS200	한화자산운용	1,015,708	16,099
ACE200	한국투자신탁운용	635,244	7,914
KIWOOM200	키움투자자산운용	539,516	9,645
HANARO200	NH-Amindi자산운용	460,349	3,894
파워200	교보악사자산운용	101,781	244
WON200	우리자산운용	61,775	418
아이엠에셋200	iM에셋자산운용	53,768	133

단위 : 백만 원　　　　　　　　　　　　　　　　　　2025. 11. 7. 기준, KRX

코스피200 가격 수준이 거의 비슷하기 때문에 거래대금이 높다는 것은 거래량이 많다는 것을 의미하고, LP호가 이외의 호가가 많이 존재한다. 그렇기 때문에 단기매매나 시스템 트레이딩같이 거래량이 필요할 때에는 이 종목을 매매하는 것이 좋다. 특히 외국인들도 거래량이 많은 종목을 매매하는 경향이 있다.

코스닥150 ETF

우리나라 두 번째 대표지수는 거래소에서 만든 코스닥150 지수이다. 코스닥은 종목이 많기 때문에 코스닥150 지수와 전체 코스닥 지수와는 수익률이 차이가 날 수 있다. 코스닥150 지수 ETF를 살펴보자.

코스닥 ETF 종류				
종목명	상장일	수익률(최근 1년)	순자산총액(백만 원)	총보수(%)
ACE코스닥150	2020. 5. 7.	21.87	26,027	0.02
KIWOOM코스닥150	2019. 1. 22.	21.92	13,354	0.15
PLUS코스닥150	2018. 7. 5.	21.35	6,151	0.15
SOL코스닥150	2023. 1. 31.	21.30	28,994	0.15
RISE코스닥150	2017. 6. 16.	21.65	108,205	0.18
TIGER코스닥150	2015. 11. 12.	21.45	198,910	0.19
HANARO코스닥150	2018. 8. 14.	21.24	18,257	0.20
KODEX코스닥150	2015. 10. 1.	21.67	1,233,108	0.25

2025. 11. 7. 기준, KRX

보수가 가장 저렴한 것은 ACE코스닥150이다. 평균거래량을 살펴보자.

코스닥 ETF 평균거래량		
종목명	운용사	평균거래대금(1년, 백만 원)
KODEX코스닥150	삼성자산운용	126,745
TIGER코스닥150	미래에셋자산운용	6,542
RISE코스닥150	KB자산운용	1,953
KIWOOM코스닥150	키움투자자산운용	211
ACE코스닥150	한국투자신탁운용	319
PLUS코스닥150	한화자산운용	32
HANARO코스닥150	NH-Amindi자산운용	84
SOL코스닥150	신한자산운용	22

2025. 11. 7. 기준, KRX

그러나 거래대금과 순자산에서는 KODEX코스닥150이 압도적으로 높다.

Editor's Pick ETF*

장기 투자 : ACE코스닥150
단기 투자 : KODEX코스닥150, TIGER코스닥150

* Editor's Pick ETF는 Editor가 관련 기초지수, 수익률, 거래량, 순자산, 총보수, 장중 괴리율 등을 고려해
독자적으로 선정한 ETF로서 특정한 기관의 대표 의견은 아니다.

코스닥 대표지수는
어떻게 만들어졌나?

코스닥 대표지수는 예전에는 코스닥50 지수였다. 그 다음이 코스닥스타30 지수였다. ETF로는 코스닥스타30을 추종하는 ETF가 상장되어 있었다. 그러나 투자자들은 관심을 가지지 않았다. 2014년 코스닥 시장이 빠르게 올라가던 때가 있었다. 그러나 코스닥 시장은 상승했지만 코스닥스타30을 추종하는 ETF는 수익률이 코스닥 전체 시장을 따라가지 못했다. 왜 이렇게밖에 지수를 만들지 못했을까 하는 아쉬움이 있었다.

코스닥을 시가총액 순으로 100종목, 150종목, 200종목을 넣고 시뮬레이션을 해 보니 150개 정도의 종목을 포함한다면 충분히 따라 갈 수 있었다. 하지만 200종목까지 넓혀 보니 코스닥 종목 특성상 순자산이 작거나 거래량이 너무 많이 떨어지는 단점이 보였다. 그래서 150종목 수준이면 되겠다는 생각을 했다. 코스피 지수의 대표지수는 200종목이니 코스닥이 동생뻘 된다고 보면 150종목도 나쁘지 않다는 생각을 했다.

바로 거래소로 달려가 지수를 개발해 달라고 건의했고, 종목수를 150종목으로 해 달라고 했다. 때마침 지수를 개발하려고 했던 거래소는 코스닥150 지수를 개발하겠다고 했다. 그러면서 코스닥 시장에서는 코스닥150 선물지수까지 개발하겠다고 강력하게 의사를 표현했다.

코스닥150지수선물까지 개발하겠다고 거래소에서 발표하자마자 여러 운용사에서 코스닥150지수선물을 이용해서 코스닥150레버리지 ETF를 만들겠다고 나섰다. 코스닥150지수를 개발해 달라고 한 운용사한테 혜택은 전혀 없었다. 결국 코스닥150레버리지 ETF는 동시에 3개 운용사에서 상장되었다. KODEX, TIGER, KINDEX(이후 ACE로 변경)다.

KODEX레버리지에 선점 효과로 고전하던 TIGER는 코스닥150레버리지의 주도권을 가져오겠다는 일념으로 많은 광고와 프로모션으로 삼성자산운용과 전쟁을 벌였다. 그때까지만 해도 한국투자신탁운용의 KINDEX는 전쟁에 끼어들 만한 체력이 되지 못했다. 결국 고래싸움으로 번진 삼성자산운용과 미래자산운용의 코스닥150레버리지 ETF 싸움에서 KINDEX는 과감히 포기하고 코스닥150레버리지 ETF를 상장폐지했다. 안타깝게도 코스닥150지수를 누가 개발해 달라고 요청했는지는 중요하지도 기억되지도 않았다. 그래도 코스닥 대표지수인 '코스닥150'이란 이름을 만드는 데 도움을 주었다는 것에 보람을 느낀다.

2
해외 대표지수 ETF

해외 주식 시장에 투자하는 ETF는 미국·중국이 제일 많고, 그다음으로 일본·유럽·베트남 등이 있다. 국내 시장에만 투자하던 초기를 지나 중기에는 중국에 투자하는 ETF가 많았으며, 최근 5년 동안은 미국 시장이 지속적으로 성장하면서 미국 시장에 투자하는 ETF가 더욱 많아진 상태이다. 그중에서도 잔고가 가장 높은 것은 S&P500 지수를 추종하는 상품들이다. 대표적인 미국 시장 지수이기 때문이다.

미국 S&P500 ETF

미국 대표지수 S&P500 선물형				
종목명	상장일	수익률(최근 1년)	순자산총액	총보수(%)
TIGER미국S&P500선물(H)	2011. 7. 18.	8.76	114,877	0.23
KODEX미국S&P500선물(H)	2015. 5. 29.	9.83	145,932	0.05
PLUS미국S&P500선물(H)	2017. 5. 16.	10.98	85,910	0.30

단위 : 백만 원   2025. 11. 14. 기준, KRX

미국 대표지수 S&P500 실물형				
종목명	상장일	수익률(최근 1년)	순자산총액	총보수(%)
TIGER미국S&P500	2020. 8. 7.	16.53	11,168,193	0.006
KODEX미국S&P500	2021. 4. 9.	16.34	6,300,452	0.006
ACE미국S&P500	2020. 8. 7.	16.11	2,747,422	0.004
RISE미국S&P500	2021. 4. 9.	16.18	1,306,768	0.004
KODEX미국S&P500선물(H)	2022. 12. 2.	9.91	673,535	0.009
TIGER미국S&P500선물(H)	2022. 11. 25.	10.17	407,243	0.070
SOL미국S&P500	2022. 6. 21.	16.90	179,325	0.050
1Q미국S&P500	2025. 3. 18.	0.00	154,156	0.005

단위 : 백만 원   2025. 11. 14. 기준, KRX
*상장한 지 1년이 되지 않은 ETF는 수익률 '0'으로 표시

    TIGER미국S&P500 ETF는 우리나라 시장에서 순자산이 제일 큰 ETF로 순자산이 11조 원에 가까운 잔고를 보여 준다. ETF 시장이 성장한 이후로 가장 순자산이 높았던 것은 KODEX200이었는데 중국 시장이 크게 상승할 때에는 TIGER 전기차 ETF가 1등을 차지하기도 했다. 최근 몇

년 동안은 파킹통장이라고 부르는 CD, 머니마켓 ETF가 순자산이 가장 높았으며, 꾸준한 미국 증시 상승으로 인한 개인투자자들의 매수세에 힘입어 미국 S&P500 지수가 순자산 1위를 차지하고 있다.

그러다 보니 보수 또한 운용사들의 최저 경쟁으로 인하여 0.004%까지 내려왔다. 미국 주식 시장에 투자하는 ETF는 미국 시장이 우리나라 주식 시장과 겹치지 않아서 거래량이 많지 않다. 미국 야간 선물시장이 움직이기는 하지만 크게 출렁이지 않기 때문에 장중 거래량이 투자하는 데 크게 영향을 미치지 않는다고 볼 수 있다.

우리나라에서 미국에 투자한 최초의 상품은 S&P500 실물 투자가 아니었고, 선물시장에 투자하는 상품이었다. 기초지수에 보면 S&P500 Futures라고 되어 있는데 2015년에는 선물시장에만 투자하는 ETF였다가 시간이 지나면서 실물형, 즉 미국 주식에 직접 투자하는 상품을 선호하게 되면서 2020년 즈음에 실물형 S&P500 ETF가 출시되었다. 특히 퇴직연금 시장이 ETF에 투자할 수 있도록 크게 열리면서 파생형에는 투자할 수 없기 때문에 운용사들의 적극적인 변화가 생겼다.

Editor's Pick ETF*

환율 변동에 영향받는 것 : TIGER미국S&P500
환율 변동에 영향받지 않는 것 : KODEX미국S&P500(H)

---

* Editor's Pick ETF는 Editor가 관련 기초지수, 수익률, 거래량, 순자산, 총보수, 장중 괴리율 등을 고려해 독자적으로 선정한 ETF로서 특정한 기관의 대표 의견은 아니다.

ETF 운용 능력도 발전한다

2016년 중반까지 국내에 상장된 S&P500 ETF는 기초지수가 선물(S&P 500 Futures Index)을 기반으로 하는 선물 ETF뿐이었다(TIGER 미국S&P500선물 (H), 2011년 7월 상장). 만약 국내에 선물에 투자하는 ETF가 아닌 현물, 즉 미국에 상장된 주식에 직접 투자하는 ETF가 나온다면 어떨까 하는 생각이 들었다. 미국에 상장된 ETF들보다 보수를 낮게 측정해서 경쟁한다면, 국내 기관투자자들도 굳이 해외에 상장된 S&P500 ETF가 아닌 국내에 상장된 ETF를 할 수도 있다는 생각이었다.

"상무님, 실물형 S&P500 ETF를 만들어 보는 것은 어떨는지요? 나중에 퇴직연금 시장이 활성화될 때 파생형인 선물이 아닌, 실물을 담은 것이 있으면 경쟁력이 있을 것 같습니다."

"안 돼."

"왜 안 된다는 것입니까? 기관투자자들에게 물어봐도 충분히 경쟁력이 있을 거라는 이야기를 들었습니다."

"그래도 안 돼."

"안 되는 이유가 도대체 무엇인가요?"

"500종목을 운용할 수가 없어. 운용역들이 500종목을 관리하는 것이 어려워."

"그래도 어떻게 해 보면 어떨까요? 충분히 경쟁력이 있을 것입니다."

"안 돼. 사고 위험성이 있어. 국내 코스피200 종목도 100여 종목으로 운용하다가 이제야 200종목 가까이 겨우 운용하고 있는데 500종목은 너무 커."

"중국CSI300(종목 수 약 300개)도 운용하는 500종목이 왜 안 된다는 것인가요?"

"안 돼. 리스크가 너무 커."

그 시절에는 사실 많은 종목을 한꺼번에 운용하면서 관리할 수 있는 시스템이 완벽하지 못했다. 결국 운용의 위험성 때문에 2016년에는 실물형 ETF를 만들지 못했고, 마침내 2017년 한화자산운용에서 실물형 ETF를 내놓게 되었다. 그리고 2020년, 2021년에 들어서 한국투자신탁운용, 삼성자산운용, 미래자산운용에서 빠르게 실물형 S&P500 ETF를 상장하며 보수 인하 전쟁에 들어갔다.

현재 국내 상장 ETF의 순자산 1위는 TIGER미국S&P500이며 순자산이 10조 원이다(2025. 10. 17. 기준, KRX). 선점하는 ETF를 만들기 위해서는 리스크 극복이 필요하다.

미국 나스닥100 ETF

나스닥 ETF 순자산 및 보수				
종목명	상장일	수익률 (최근 1년)	순자산총액	총보수 (%)
TIGER미국나스닥100	2010. 10. 18.	23.04	6,725,666	0.006
KODEX미국나스닥100	2021. 4. 9.	23.1	4,030,822	0.006
ACE미국나스닥100	2020. 10. 29.	22.68	2,273,241	0.006
RISE미국나스닥100	2020. 11. 6.	22.84	1,250,949	0.006
TIME미국나스닥100액티브	2022. 5. 11.	37.86	935,900	0.800
KODEX미국나스닥100(H)	2022. 12. 2.	16.06	477,928	0.009
TIGER미국나스닥100(H)	2022. 11. 25.	16.46	294,238	0.006
KODEX미국나스닥100선물(H)	2018. 8. 30.	15.44	113,427	0.050
KIWOOM미국나스닥100(H)	2023. 3. 14.	15.78	61,527	0.040
SOL미국나스닥100	2024. 3. 12.	23	60,391	0.050

단위 : 백만 원

2025. 11. 14. 기준, KRX

미국 주식 시장의 두 번째 대표지수는 나스닥100 지수이다. 나스닥 ETF 보수 또한 0.01%가 안 되는 수준으로 되어 있어 장기적으로 해외에 상장된 ETF보다 훨씬 더 매력적이다. 가장 순자산이 큰 것은 TIGER미국나스닥100 ETF이다. 국내에 투자하는 ETF들은 KODEX(삼성자산운용) ETF가 순자산이 높은 반면에 미국에 투자하는 ETF들은 TIGER(미래자산운용) ETF가 순자산이 높은 편이다. ETF 이름 뒤에 (H)가 붙어 있는 것은 환헤지가 되어 있다는 뜻이다.

환헤지되어 있지 않은 ETF들의 순자산이 높다. 그 이유는 환헤지하는

ETF의 경우 환헤지 비용이 발생하는 것을 감안해야 하고, 미국에 투자할 때에는 달러 가치에도 투자하는 것으로 생각하는 사람이 많아서 환헤지하지 않은 상품들에 대한 수요가 높기 때문이다.

Editor's Pick ETF*

장기 투자 : KODEX미국나스닥100
단기 투자 : TIGER미국나스닥100
환율 변동에 영향받지 않는 것 : KODEX미국나스닥100(H)

* Editor's Pick ETF는 Editor가 관련 기초지수, 수익률, 거래량, 순자산, 총보수, 장중 괴리율 등을 고려해
 독자적으로 선정한 ETF로서 특정한 기관의 대표 의견은 아니다.

중국 ETF

중국에 투자하는 ETF 시작은 항셍지수였다. 그 이유는 항셍지수는 홍콩에서 거래가 되고 선물시장까지 오픈되어 있기 때문이었다. 시간이 지나면서 홍콩이 아닌 중국 본토에 투자하려는 투자자들이 늘어나고, 중국 본토에 투자할 수 있는 제도가 시행되면서 국내에서는 한국투자신탁운용에서 최초로 중국 본토의 대표지수인 CSI300 지수에 추종하는 ETF를 상장했다. ACE본토CSI300 ETF이다. 이후 FTSE A50 지수에 투자하는 ETF들이 상장되었다.

순자산이 가장 큰 것은 차이나 전기차 ETF로 순자산이 1조 8,000억 원이나 된다. 2020년 상장 이후 급격히 상승하여 해외 ETF 중에서 가장 컸지만, 미국 시장이 상승하면서 1위 자리를 내주었다. 그리고 항셍테크, 과창판 등 중국 기술주에 투자하는 ETF가 많이 출시되었으며, 미국 이

외의 국가 중에서 제일 많은 ETF를 가지고 있다. 최근에는 중국 AI 또는 로봇 테마에 투자하는 ETF들도 출시되었다.

중국 ETF 초기(2020년 전)				
종목명	상장일	수익률(최근 1년)	순자산총액	총보수(%)
ACE중국본토CSI300	2012. 11. 29.	24.84	130,048	0.70
KODEX차이나A50	2013. 1. 21.	22.90	23,838	0.12
RISE중국본토대형주CSI100	2013. 6. 4.	25.66	76,817	0.65
TIGER차이나CSI300	2014. 2. 17.	24.83	206,155	0.63
SOL차이나강소기업CSI500(합성H)	2015. 6. 8.	24.17	4,848	0.60
KODEX차이나심천ChiNext(합성)	2016. 11. 8.	39.00	44,879	0.47
PLUS심천차이넥스트(합성)	2016. 11. 8.	36.88	7,183	0.50
KODEX차이나CSI300	2017. 12. 13.	21.10	222,281	0.12
RISE중국MSCI China(H)	2018. 11. 28.	38.30	13,923	0.60

단위 : 백만 원

2025. 11. 14. 기준, KRX

중국 ETF 최근(2020년 이후)				
종목명	상장일	수익률(최근 1년)	순자산총액	총보수(%)
TIGER차이나바이오테크SOLACTIVE	2020. 12. 8.	65.39	79,847	0.49
TIGER차이나전기차SOLACTIVE	2020. 12. 8.	39.59	1,822,829	0.49
TIGER차이나반도체FACTSET	2021. 8. 10.	29.39	128,405	0.49
TIGER차이나클린에너지SOLACTIVE	2021. 8. 10.	23.24	21,487	0.49
SOL차이나태양판CSI(합성)	2021. 12. 22.	24.71	7,227	0.50
ACE중국과창판STAR50	2022. 1. 13.	37.74	17,889	0.50
KODEX차이나과창판STAR50(합성)	2022. 1. 13.	41.32	24,253	0.09
SOL차이나육성산업액티브(합성)	2022. 1. 13.	42.80	25,422	0.55

단위 : 백만 원

중국 ETF 최근(2020년 이후)				
종목명	상장일	수익률(최근1년)	순자산총액	총보수(%)
SOL차이나육성산업액티브(합성)	2022. 1. 13.	42.80	25,422	0.55
TIGER차이나과창판STAR50(합성)	2022. 1. 13.	43.78	203,297	0.09
KODEX차이나2차전지MSCI(합성)	2022. 3. 22.	66.27	38,009	0.25
KODEX차이나AI테크액티브	2022. 5. 17.	41.77	33,954	0.50
KIWOOM차이나A50커넥트MSCI	2022. 9. 20.	29.31	5,143	0.20
KIWOOM차이나내수소비TOP CSI	2023. 4. 4.	10.46	4,868	0.42
RISE중국본토CSI300	2023. 8. 8.	24.70	38,421	0.05
에셋플러스차이나일등기업포커스10액티브	2024 1. 16.	44.35	20,774	0.99
KODEX차이나휴머로이드로봇	2025. 5. 13.	0.00	237,227	0.45
TIGER차이나휴머로이드로봇	2025. 5. 27.	0.00	414,274	0.49
ACE BYD밸류체인액티브	2025. 7. 15.	0.00	10,805	0.45

단위 : 백만 원

2025. 11. 14. 기준, KRX
*성장한 지 1년이 되지 않은 ETF는 수익률 '0'으로 표시

Editor's Pick ETF*

KODEX차이나CSI300

* Editor's Pick ETF는 Editor가 관련 기초지수, 수익률, 거래량, 순자산, 총보수, 장중 괴리율 등을 고려해
 독자적으로 선정한 ETF로서 특정한 기관의 대표 의견은 아니다.

기초지수 하나에 ETF가 여러 개인 이유

2012년 11월에 국내에서 최초로 중국 본토에 투자할 수 있는 ETF가 상장되었다. ACE중국본토CSI300였다. 이것을 상장하기 위해서는 6개월이나 되는 긴 시간이 필요했다. 당시 업계 상위운용사였던 KODEX, TIGER도 아직 상장하지 못했을 때였다. 중국 본토에 투자하기 위해서는 QFII라는 일종의 자격이 필요했고, 중국 본토 투자는 자금 유출입을 1개월에 몇 번밖에 하지 못하는 굉장히 보수적인 환경이었다. 그럼에 불구하고 최초로 상장을 시켰다.

국내 기관투자자들뿐만 아니라 개인투자자들도 중국본토 ETF를 사려고 몰려들었다. ETF를 상장하려면 거래소에서 상장심사를 해야 하는데, 이때까지만 해도 국내가 아닌 해외 ETF에 대해서는 1개 지수에 1개 운용사에만 허락해 주겠다는 것이 암묵적인 규칙으로 통용되던 때였다. 그랬기 때문에 KODEX에서는 2013년에 KODEX차이나A50을 상장했고, RISE에서는 RISE중국본토대형주CSI100을 상장했다.

그러나 이 틀을 과감하게 깬 것은 다름 아닌 TIGER ETF였다. 2014년에 TIGER차이나CSI300을 내놓으며, 해외지수 중에서 유명하고 수요가 많은 지수, 예를 들어 중국CSI300 같은 경우는 다수의 운용사가 해도 된다는 사례를 만들었다. 이후로는 해외뿐만 아니라 국내에서도 같은 지수 및 비슷한 ETF가 미리 상장한 운용사와 상관없이 중복해서 상장이 허용되었다.

일본 ETF

일본 대표지수는 Nikkei200이다. TOPIX 지수는 우리나라 코스피 지수라고 볼 수 있다. 일본 증시 매매시간은 우리나라와 가장 많이 겹치는데도 불구하고 국내 투자자들은 일본 투자에는 관심이 적은 편이다. 아베노믹스의 경제 정책으로 일본 증시가 많이 올라왔지만, 그래도 여전히 미국이나 중국에 비해 투자자들의 관심은 적은 편이다.

상장일 순으로 일본 ETF를 정리해 보면, 초반에는 TOPIX 지수를 이용한 ETF만 상장되었다가, 2016년에 Nikkei225 지수를 통한 ETF가 상장되었다. 최근에는 일본반도체, 테크지수도 상장되고 있다.

일본 ETF				
종목명	상장일	수익률(최근 1년)	순자산총액	총보수(%)
KODEX일본TOPIX100	2008. 2. 20.	28.78	34,779	0.19
TIGER일본TOPIX(합성H)	2014. 4. 30.	25.34	14,553	0.24
ACE일본TOPIX레버리지(H)	2014. 6. 16.	54.97	31,735	0.50
ACE일본TOPIX인버스(합성H)	2014. 9. 29.	-24.65	6,721	0.50
ACE일본Nikkei225(H)	2016. 3. 3.	33.57	29,571	0.30
TIGER일본니케이225	2016. 3. 31.	36.69	362,628	0.29
KODEX일본부동산리츠(H)	2020. 5. 13.	19.78	42,319	0.30
PLUS일본반도체소부장	2023. 8. 31.	38.24	15,350	0.50
TIGER일본반도체FACTSET	2023. 9. 19.	39.48	15,849	0.49
ACE일본반도체	2023. 10. 17.	53.44	6,881	0.45
마이다스일본테크액티브	2024. 8. 6.	51.29	9,119	0.65
PLUS일본엔화초단기국채(합성)	2024. 8. 13.	3.70	18,162	0.19
RISE일본섹터TOP4PLUS	2024. 8. 20.	23.89	8,161	0.30

단위 : 백만 원

2025. 11. 14. 기준, KRX

니케이 지수에 대한
과도한 걱정

2014년에 거래소에서 운용사들에게 해외지수로 레버리지 ETF를 상장시켜 주겠다고 공지했다. 모두 우리나라와 가까우면서 친숙한 중국을 먼저 떠올렸다. 그러나 여러 운용사가 다 같이 중국을 하면 너무 몰릴 수 있다고, 몇 개의 운용사는 일본을 하라고 정리해 주었다. 그래서 한국투자신탁운용, KB자산운용은 일본 레버리지를 진행하고, 삼성자산운용과 미래자산운용은 중국 레버리지를 진행했다.

일본지수로 레버리지 ETF를 만들라고 하면 무조건 Nikkei225 레버리지를 해야 한다는 생각에 무조건 일본 니케이지수 회사로 날아갔다. 지수 계약을 먼저 해야만 해야 하기 때문이다. 만약에 지수 계약할 때 독점권이라도 걸어 버린다면 일본 레버리지 ETF를 내지 못하는 운명에 처하게 된다. 급하게 일본 니케이 회사로 찾아갔는데 그곳은 지수를 만드는 회사가 아니고 신문사였다. 신문사에서 지수를 산출하여 제공했는데, 그것이 지금은 Nikkei225 지수가 되고 꾸준히 지금까지 이어 온 것이었다.

일본어를 하지 못해서 담당자와 영어로 이야기를 이어 나갔다. Nikkei225 지수로 해서 레버리지 ETF를 만들고 싶다고 지수 계약을 제안했다. 만약 일본 레버리지 ETF를 우리나라에 상장해서 거래하여 자산이 커지게 되면 당연히 지수회사에도 이익이 날 수 있다. 우리나라에서는 레버리지 ETF가 많이 거래되고 있고, 인기가 있으니 좋은 기회라고 설득했다.

하지만 담당자는 만약 거래가 너무 잘되면 일본 주식 시장에 영향을 미치는 것이 아니냐는 반문을 했다. 우리나라 시장에서 일본 레버리지 ETF가 상장되어서 거래된다고 해서 일본 전체 주식 시장에 영향을 미친다는 것은 말도 안 되는 걱정이었다.

1시간이 넘는 설득에도 담당자는 전혀 뜻을 굽히지 않았다. 그래서 결국 준비했던 선물을 주고 나오면서 다른 한국 운용사가 오더라도 그 뜻을 절대 굽히지 말아 달라고 부탁했다.

이후 한국투자신탁운용과 KB자산운용은 일본거래소의 TOPIX 지수를 대표지수로 레버리지 ETF를 2014년에 동시에 상장했다. 이어서 ACE 일본TOPIX인버스(합성H)도 상장했는데 레버리지보다 인버스가 더 잘되는 기이한 상황이 발생하곤 했다. 그것은 일본 시장은 빠졌으면 하는 한국 투자자들의 기대 때문 아니었을까? 이후 오랜 시간이 지나고 나서야 니케이는 결국 지수 사용을 허가했다.

인도 ETF

인도 대표지수는 Nifty50이다. 2014년에 키움자산운용에서 국내 최초로 KIWOOM인도Nifty50(합성)을 출시했다. 인도에는 대표지수인 SENSEX 지수가 있지만 ETF 만들기에는 Nifty50 지수만 가능했기 때문에 국내 상장된 대표지수는 Nifty50이 대다수다(Nifty50 선물시장 활성화됨).

2023년에는 합성형이 아닌 TIGER와 KODEX가 실물형으로 TIGER인도니프티50 ETF를 만들었고, 순자산이 제일 높다.

인도 ETF				
종목명	상장일	수익률(최근 1년)	순자산총액	총보수(%)
KIWOOM인도Nifty50(합성)	2014. 6. 26.	6.76	238,992	0.29
TIGER인도니프티50레버리지(합성)	2016. 5. 13.	8.74	34,787	0.58
TIGER인도니프티50	2023. 4. 14	7.98	473,039	0.19
KODEX인도Nifty50	2023. 4. 21	6.57	461,707	0.19
KODEX인도Nifty50레버리지(합성)	2023. 4. 21	6.84	27,089	0.39
KODEX인도타타그룹	2024. 5. 8.	-10.73	36,962	0.45
TIGER인도빌리언컨슈머	2024. 5. 14.	10.42	131,994	0.49
ACE인도시장대표BIGS그룹액티브	2024. 9. 10.	-2.49	9,914	0.45
ACE인도컨슈머파워액티브	2024. 9. 10.	0.05	48,830	0.45
에셋플러스인도일등기업포커스20액티브	2025. 2. 25.	0.00	11,866	0.99
RISE인도디지털성장	2025. 4. 1.	0.00	6,422	0.30
KODEX인도Nifty미드캡100	2025. 4. 8.	0.00	20,774	0.45

단위 : 백만 원

2025. 11. 14. 기준, KRX
*상장한 지 1년이 되지 않은 ETF는 수익률 '0'으로 표시

* Editor's Pick ETF는 Editor가 관련 기초지수, 수익률, 거래량, 순자산, 총보수, 장중 괴리율 등을 고려해
  독자적으로 선정한 ETF로서 특정한 기관의 대표 의견은 아니다.

기타 국가 ETF

국내에서 중국을 제외하고 관심이 많은 아시아 국가는 베트남이다. 베트남 ETF는 한국투자신탁운용에서 유일하게 VN30지수에 투자하는 ETF를 상장했다. 이외에는 인도네시아, 필리핀 등에 투자하는 ETF도 상장되었다.

미국과 더불어 세계에서 많은 관심을 받는 투자처는 유럽인데 우리나라 투자자들은 유럽 투자에는 그다지 관심이 없다. 유럽 ETF로는 대표지수 유로스탁스50이 상장되어 있고, 독일에 투자하는 ETF도 상장되었다.

기타 국가 ETF				
종목명	상장일	기초지수	순자산총액	총보수(%)
ACE베트남VN30(합성)	2016. 7. 1.	VN30 Index(PR)	383,693	0.70
ACE인도네시아MSCI(합성)	2016. 11. 1.	MSCI Indonesia Index	39,529	0.70
ACE필리핀MSCI(합성)	2016. 12. 28.	MSCI Philippines IMI Index	5,120	0.50
ACE멕시코MSCI(합성)	2018. 3. 9.	MSCI MEXICO IMI 25/50 Price return Index	15,449	0.50
PLUS신흥국MSCI(합성H)	2014. 5. 13.	MSCI EM Index	85,132	0.50

기타 국가 ETF				
종목명	상장일	기초지수	순자산총액	총보수(%)
PLUS신흥국MSCI인버스(합성H)	2020. 12. 16.	MSCI EM Index	517	0.50
RISE유로스탁스50(H)	2021. 4. 9.	EURO STOXX 50 Index	11,267	0.02
TIGER유로스탁스50(합성H)	2014. 4. 30.	EURO STOXX 50 Index	36,631	0.24
TIGER유로스탁스배당30	2016. 7. 1.	Euro STOXX Select Dividend 30	28,614	0.35
KIWOOM독일DAX	2021. 12. 22.	DAX Index(PR)	14,765	0.25

단위 : 백만 원

2025. 11. 14. 기준, KRX

Editor's Pick ETF*

ACE베트남VN30(합성)

* Editor's Pick ETF는 Editor가 관련 기초지수, 수익률, 거래량, 순자산, 총보수, 장중 괴리율 등을 고려해
  독자적으로 선정한 ETF로서 특정한 기관의 대표 의견은 아니다.

베트남 ETF
상장에 관한 이야기

2016년 베트남 ETF를 만들자고 강력하게 주장했다. 해외형 펀드 상품 중에서도 미국, 중국 다음은 베트남 펀드였다. 베트남 시장이 외국인에게 시장을 더 많이 오픈하고, 선물 시장 또한 오픈할 계획이라고 들었는데 우리나라 시장도 비슷한 절차로 주식 시장이 급성장하는 것을 보았기 때문이다.

그러나 회사 내부에서 반대가 심했다. 당시 베트남은 공모펀드로 잘 팔리고 있었는데 ETF를 상장시켰다가 둘 다 안 될 수도 있는 악영향을 우려해서였다. 그러나 결국 ETF를 만들기로 결정이 났고, 베트남 지수를 계약하기 위해서 호치민 거래소를 방문했다.

베트남 대표지수인 VN30 지수와의 계약을 제안했다. 그랬더니 거래소 담당자가 만약에 상장되면 얼마나 자금이 들어올 수 있냐고 물었다. 그 말에 나는 당당히 1,000억 원 정도는 순자산을 끌어 모을 수 있다고 대답했다. 그는 웃었다. 1,000억 원 수준이면 베트남 주식 시장에는 엄청나게 큰 외국자금이 들어오는 것이었기 때문이다.

결국 상장하고 1년도 안 돼서 2,000억 원이라는 자금이 베트남 시장으로 들어갔다. 베트남 시장에는 엄청 큰 자금이었다. 우리나라로 환산하면 약 1조 원이 되는 자금을 끌어온 것이다.

회사를 옮기고 베트남 거래소에 몇 년 만에 다시 방문했다. 이때 베트남 거래소 이사장이 직접 나와서 우리 일행을 반겨 주었다. 그러면서 나에게 말했다.

"Are You Mr. KIM from KIM?"

"Yes! I am!"

두 번째 KIM은 한국투자신탁운용의 영문명인 'KOREA Investment Management'를 말한다. 몰랐지만 베트남 거래소에서 나는 꽤 유명한 사람이었다. 몇 년 전에 베트남 와서 1,000억 원을 가져오겠다고 하고서는 그 2배가 되는 자금을 유치했으니 말이다.

베트남 거래소 이사장의 부탁으로 직원들에게 4시간에 걸쳐서 한국의 ETF 상황과 레버리지 ETF로 인한 발전 등 ETF에 대한 강의를 했다. 강의 마지막에는 담당자들에게 제일 먼저 선물 시장을 상장해야 하는 것은 채권 시장이 아니고 주식 VN30 지수 선물이라고 말해 주었다. 그래야 레버리지 ETF를 만들 수 있고 베트남 시장을 더욱 더 활성화시켜 줄 것이라고 말이다. 나중에 호치민 거래소는 VN30 지수 선물을 먼저 오픈했다.

3

테마형
ETF

2차전지 테마 ETF

테마형 ETF에서 인기를 끌었던 것 중 하나가 2차전지 테마이다. 2차전지 관련 ETF들은 계속해서 인기 테마로 자리 잡고 있다. 주로 2018년에 많이 상장되었다. 상장 이후 큰 상승은 없었지만 2020년 들어 2차전지 테마가 급격하게 상승하면서 인기를 끌었고, '밈ETF'로도 부각된 적이 있다.

순자산이 가장 큰 ETF는 KODEX2차전지산업이다. 2020년 3월 최저가가 4,737원이었고, 2023년 7월 최고가는 40,603원까지 상승했다. 테마형으로서 2차전지 테마에는 1조 ETF가 2개나 있다. 추가적으로 2차전지 테마에서 소형주까지 특화에서 투자하는 ETF들이 상장되면서 큰 테마 중 하나로 자리 잡았다. 레버리지 및 인버스도 상장되었고, 중국 및 글로벌 2차전지 테마 ETF도 있다.

KODEX2차전지산업 주봉(2020~24년)

2025. 11. 14. 기준, KRX

국내 2차전지 테마 ETF				
종목명	상장일	수익률(최근 1년)	순자산총액	총보수(%)
KODEX2차전지산업	2018. 9. 12.	13.18	1,656,301	0.45
TIGER2차전지테마	2018. 9. 12.	13.05	1,191,423	0.44
TIGER2차전지소재Fn	2023. 7. 13.	19.50	730,895	0.39
TIGER2차전지TOP10	2020. 10. 7.	5.13	558,429	0.40
KODEX2차전지산업레버리지	2023. 7. 4.	10.76	555,746	0.49
RISE2차전지액티브	2022. 4. 8.	5.34	220,419	0.35
KODEX2차전지핵심소재10	2023. 7. 4.	17.82	200,914	0.39
SOL2차전지소부장Fn	2023. 4. 25.	14.85	162,701	0.45
TIGER2차전지TOP10레버리지	2021. 12. 15.	-7.55	149.161	0.29
RISE2차전지TOP10인버스(합성)	2023. 9. 12.	-26.98	95.149	0.49
RISE2차전지TOP10	2023. 9. 12.	12.85	64.531	0.07
KIWOOM K-2차전지북미공급망	2024. 7. 23.	33.53	25,843	0.49
ACE2차전지&친환경차액티브	2021. 5. 25.	2.99	19,636	0.29
BNK2차전지양극재	2023. 10. 19.	13.71	13,643	0.39

단위 : 백만 원

2025. 11. 14. 기준, KRX

해외2차전지테마 ETF				
종목명	상장일	수익률(최근 1년)	순자산총액	총보수(%)
KODEX차이나2차전지MSCI(합성)	2022. 3. 22.	66.27	38,009	0.25
TIGER글로벌리튬&2차전지SOLACTIVE	2021. 7. 20.	44.18	305,525	0.49

단위 : 백만 원

2025. 11. 14. 기준, KRX

Editor's Pick ETF*

TIGER2차전지테마

* Editor's Pick ETF는 Editor가 관련 기초지수, 수익률, 거래량, 순자산, 총보수, 장중 괴리율 등을 고려해
  독자적으로 선정한 ETF로서 특정한 기관의 대표 의견은 아니다.

K-POP 테마 ETF

「케이팝 데몬 헌터스」의 OST가 미국 시장을 장악했다는 기사가 연일 쏟아졌다. 빌보드 차트에서 1위를 한다는 것은 과거 20년 전만 해도 꿈같은 일이었지만 이제는 한국 하면 떠오르는 테마가 K-POP이고, 국내뿐만 아니라 해외에서도 관련 ETF가 새로운 테마로 자리 잡고 있다.

K-POP 테마 ETF				
종목명	상장일	수익률(최근 1년)	순자산총액	총보수(%)
ACE KPOP포커스	2024. 1. 30.	40.01	211,712	0.30
TIGER미디어컨텐츠	2015. 10. 7.	13.50	119,832	0.44
KODEX K콘텐츠	2017. 3. 28.	27.68	67,025	0.45
HANARO Fn K-POP&미디어	2021. 7. 30.	27.02	64,807	0.45

단위 : 백만 원

2025. 11. 14. 기준, KRX

Editor's Pick ETF*

ACE KPOP포커스

* Editor's Pick ETF는 Editor가 관련 기초지수, 수익률, 거래량, 순자산, 총보수, 장중 괴리율 등을 고려해
  독자적으로 선정한 ETF로서 특정한 기관의 대표 의견은 아니다.

K-POP ETF는
어떻게 만들어졌나?

　NH-Amundi자산운용은 프랑스 아문디자산운용과의 합작사이다. 파리에 본사가 있다. 2019년 거래소로부터 런던에서 열리는 ETF 컨퍼런스에 함께 참여하자는 제안을 받았다. 런던과 파리가 가까우니 파리에서 유럽 ETF 운용사 중 대표적인 아문디자산운용을 방문해 ETF 유럽 시장 현황을 조사한다고 했다. ETF가 좋은 것은 글로벌하게 통용된다는 것이다. 세계의 금융 시장의 공통되게 발전되는 비즈니스인 것에는 틀림없었다.

　런던 컨퍼런스에서 한국거래소 직원들과 함께 부스를 만들어서 한국 ETF를 홍보한 뒤 파리로 넘어갔다. 아문디 ETF 팀을 만나 한국 시장 ETF에 대해서 설명하고 유럽 ETF 시장에 대해서 설명을 들었다. 그때까지만 해도 한국 시장은 외국인들에게 인기가 있지 않았다.

　"당신 회사의 글로벌럭셔리 ETF 상품이 괜찮으니 우리가 한국 시장에 상장하려고 합니다. 당신 회사도 유럽 시장에 한국 ETF를 만들어 주세요."

　"한국 시장은 고객들에게 인기가 없습니다. 만들어 봤자 투자자가 많지 않을 것입니다."

　프랑스 담당자는 차갑게 말했다. 사실 투자자들이 중국과 일본은 많이 알아도 한국에는 관심 없다는 것은 알고 있었다. 한국이 투자자들에게 무시받는 것을 참을 수 없었다. 충분히 상승여력이 있는데 말이다.

그래서 준비했던 선물을 꺼냈다. BTS 앨범과 블랙핑크 앨범이었다. 갑자기 프랑스 담당자의 얼굴이 밝아졌다.

"우와, 생각지도 못했는데요. 선물 너무 감사합니다."

"BTS를 아세요?"

"저희 딸이 아주 좋아합니다. 한국어로 된 앨범이네요. 감사합니다."

프랑스에서 BTS 콘서트가 열렸는데, 엄청 많은 인파가 모였다는 기사를 접했기 때문에 선물을 앨범으로 준비했던 것이다. 그 전에 프랑스를 방문했던 사람들은 홍삼 같은 식품을 가져갔는데 이렇게 앨범을 들고 온 것은 내가 처음이라고 했다. 기회를 놓치지 않고 바로 이야기했다.

"그럼 K-POP ETF를 만든다면 투자자들이 관심을 갖지 않을까요?"

"네. 그럴 것 같습니다. 그건 히스토리가 있으니 투자자들이 관심을 가질 거예요. 특히 저처럼 딸을 둔 아빠들은 말이죠."

선물을 받아서인지, 진심에서 하는 말인지 모르겠지만 K-POP의 인기는 프랑스에서도 대단하다는 것을 깨달았다. 당시는 BTS가 전 세계 1등을 아직 달성하지 않았던 때이다. 블랙핑크도 아직 전 세계적인 인기를 끌기 전이었다.

한국으로 돌아와서 글로벌럭셔리 ETF를 2020년 5월에 출시했고, 그 이듬해 2021년에는 국내 최초로 K-POP이란 이름을 가진 ETF를 상장했다. 전 세계에 K-POP이란 이름의 ETF는 최초였다.

방산 테마 ETF

방산이라 함은 방위 산업을 말한다. 방산 테마는 전쟁 장비, 물자를 만드는 회사에 투자하는 ETF이다. 우크라이나-러시아 전쟁 및 이스라엘 가자지구 전쟁들을 통하여 부각된 테마이다. 특히 국내 방산 산업이 세계적으로 인정받고 있어서 새로운 강력한 테마로 자리 잡았다.

최근 1년 수익률 1위는 PLUS K방산으로 139.01%(2025년 11월 14일 기준)이며, 순자산이 1조 2,000억 원에 달한다. 2023년에 1만 원에 상장했고, 2025년 10월 31일에는 6만 원을 돌파하기도 했다. 지속적인 방산 테마의 인기로 최근에는 방산 소부장, 레버리지 ETF까지 상장되었다.

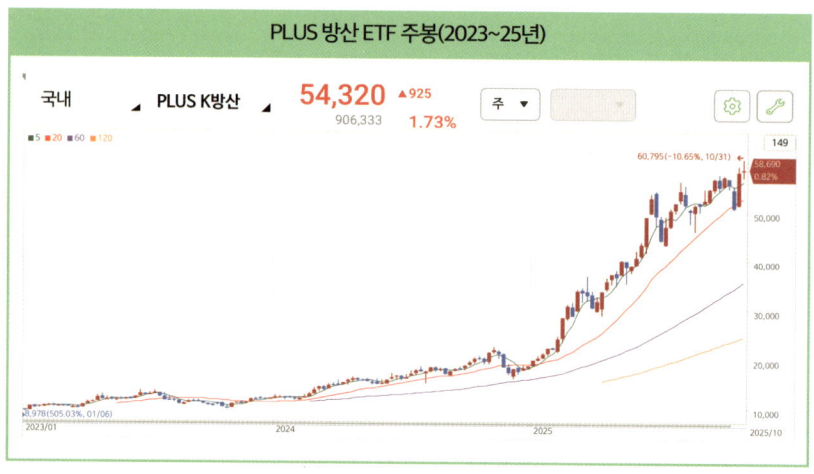

2025. 11. 14. 기준, Namuh증권

해외 방산 테마 ETF로는 TIMEFOLIO글로벌우주테크&방산액티브 ETF가 순자산 2,000억 원으로 가장 크다. 현재 국내에는 글로벌 방산, 미국 방산, 유럽 방산까지 상장되어 있다.

국내 방산 테마 ETF				
종목명	상장일	수익률(최근 1년)	순자산총액	총보수(%)
PLUS K방산	2023. 1. 5.	139.01	1,224,794	0.45
TIGER K방산&우주	2023. 7. 25.	104.42	249,810	0.45
SOL K방산	2024. 10. 2.	115.89	92,000	0.45
KODEX K방산TOP10	2025. 7. 15.	0.00	200,158	0.45
PLUS K방산소부장	2025. 8. 26.	0.00	11,790	0.45
KODEX K방산TOP10레버리지	2025. 9. 16.	0.00	44,118	0.64
PLUS K방산레버리지	2025. 9.30.	0.00	21,176	0.50

단위 : 백만 원

2025. 11. 14. 기준, KRX
*상장한 지 1년이 되지 않은 ETF는 수익률 '0'으로 표시

해외 방산 테마 ETF				
종목명	상장일	수익률(최근 1년)	순자산총액	총보수(%)
TIMEFOLIO글로벌우주테크&방산액티브	2024. 4. 23.	+42.54	222,914	0.80
PLUS글로벌방산	2024. 11. 12.	+76.68	43,698	0.45
WON미국우주항공방산	2022. 8. 26.	+37.68	36,398	0.35
TIGER미국방산TOP10	2024. 10. 29.	+22.59	27,607	0.45
ACE유럽방산TOP10	2025. 9. 23.	0.00	11,150	0.35
HANARO유럽방산	2025. 7. 29.	0.00	10,365	0.35

단위 : 백만 원

2025. 11. 14. 기준, KRX
*상장한 지 1년이 되지 않은 ETF는 수익률 '0'으로 표시

Editor's Pick ETF*

국내 : PLUS K방산

해외 : TIMEFOLIO글로벌우주테크&방산액티브

* Editor's Pick ETF는 Editor가 관련 기초지수, 수익률, 거래량, 순자산, 총보수, 장중 괴리율 등을 고려해
  독자적으로 선정한 ETF로서 특정한 기관의 대표 의견은 아니다.

원자력 테마 ETF

원자력 테마 ETF는 국내부터 시작되었다. 윤석열 정권이 들어서자마자 원자력 부흥을 강조하여서 2022년 6월에 원자력 테마 ETF 2개가 상장되었다. 수익률과 순자산에서 HANARO원자력iSelect ETF가 월등히 높다.

최근 1년 수익률이 155%(2025년 11월 14일 기준)이며, 순자산도 4,000억 원이 넘는다. 2022년에 1만 원으로 상장되었고, 2025년 11월에 5만 원을 돌파하며 강력한 테마를 형성했다. 해외 투자 원자력 ETF로는 글로벌 원자력과 미국 원자력 ETF가 상장되어 있다.

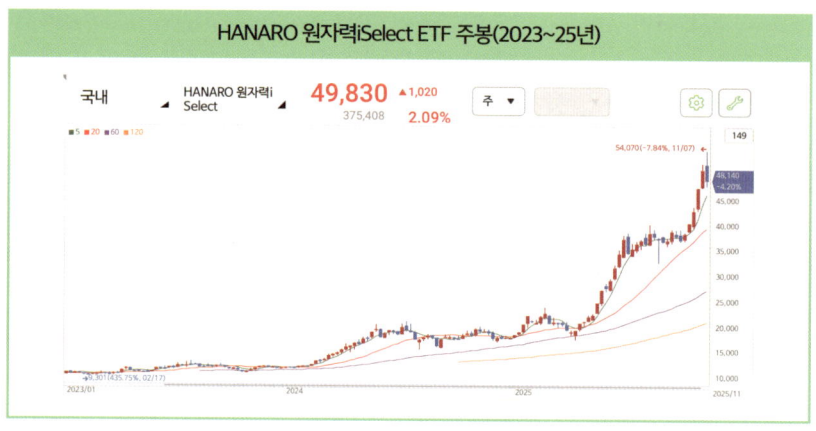

HANARO 원자력iSelect ETF 주봉(2023~25년)

2025. 11. 14. 기준, Namuh증권

국내 원자력 테마 ETF				
종목명	상장일	수익률(최근 1년)	순자산총액	총보수(%)
HANARO원자력iSelect	2022. 6. 28.	155.55	481,100	0.45
ACE원자력TOP10	2022. 6. 28.	121.45	99,427	0.30
KODEX K원자력SMR	2025. 9. 16.	0.00	113,244	0.45
SOL한국원자력SMR	2025. 8. 19.	0.00	53,195	0.45
TIGER코리아원자력	2025. 8. 19.	0.00	240,664	0.50

단위 : 백만 원

2025. 11. 14. 기준, KRX
*상장한 지 1년이 되지 않은 ETF는 수익률 '0'으로 표시

해외 원자력 테마 ETF				
종목명	상장일	수익률(최근 1년)	순자산총액	총보수(%)
RISE글로벌원자력	2022. 10. 13.	83.86	352,843	0.40
SOL미국원자력SMR	2025. 5. 20.	0.00	341,389	0.45
PLUS글로벌원자력밸류체인	2025. 1. 14.	0.00	52,909	0.39

단위 : 백만 원

2025. 11. 14. 기준, KRX
*상장한 지 1년이 되지 않은 ETF는 수익률 '0'으로 표시

Editor's Pick ETF*

국내 : HANARO원자력iSelect

해외 : RISE글로벌원자력

* Editor's Pick ETF는 Editor가 관련 기초지수, 수익률, 거래량, 순자산, 총보수, 장중 괴리율 등을 고려해
  독자적으로 선정한 ETF로서 특정한 기관의 대표 의견은 아니다.

조선 테마 ETF

조선 테마는 2022년 9월에 HANARO ETF가 상장하면서 시작했으며, 2023~25년에 테마를 이루면서 성장했다. 1만 원에 상장했던 주가는 2025년에 35,000원을 돌파했다. 특히 올해 들어 미국에서 MASGA(Make American Shipbuiliding Great Again)라고 외치면서 조선 업종을 성장시킬 것을 강조했고, 미국 조선 산업 성장으로 인해 국내 조선 관련 회사들이 수혜를 입을 것이라는 기대로 여전히 강한 테마로 남아 있다.

HANARO 조선해운 ETF 주봉(2022~25년)

| 국내 | ▲ HANARO Fn조선 해운 ▲ | **31,145** ▼580 227,254 1.83% | 주 ▼ |

2025. 11. 14. 기준, Namuh증권

조선 테마 ETF				
종목명	상장일	수익률(최근 1년)	순자산총액	총보수(%)
HANARO Fn조선해운	2022. 9. 15.	120.68	121,203	0.45
KODEX친환경조선해운액티브	2022. 11. 15.	135.45	73,439	0.50
SOL조선TOP3플러스	2023. 10. 5.	158.51	1,991,072	0.45
TIGER조선TOP10	2024. 10. 22.	157.01	847,602	0.35
SOL조선TOP3플러스레버리지	2025. 7. 15.	0.00	188,111	0.50
KODEX K조선TOP10	2025. 10. 28.	0.00	81,685	0.45

단위 : 백만 원

2025. 11. 14. 기준, KRX
*상장한 지 1년이 되지 않은 ETF는 수익률 '0'으로 표시

Editor's Pick ETF*

SOL조선TOP3플러스

* Editor's Pick ETF는 Editor가 관련 기초지수, 수익률, 거래량, 순자산, 총보수, 장중 괴리율 등을 고려해
  독자적으로 선정한 ETF로서 특정한 기관의 대표 의견은 아니다.

ETF 경쟁 시장에서
살아남는 테마 만들기

2022년 초 오랫동안 움직이지 않던 조선주가 꿈틀거리면서 상승 조짐을 보였다. 국내 상장된 ETF 리스트를 살펴보았다. 그런데 국내에는 조선해운 ETF가 없었다.

삼성자산운용과 미래자산운용이 장악하고 있는 ETF 시장에서는 니치마켓(Niche Market : 틈새시장), 즉 아직 관심이 적은 테마를 노려야 했다. 바로 지수 개발에 들어갔다. 발 빠르게 2022년 9월에 HANARO Fn 조선해운 ETF를 만들었다. 이름 중간에 들어가는 Fn은 지수 업체 Fn-Guide를 뜻한다. 예전에는 이름에 국내 지수 업체는 넣지 않는 것으로 되어 있었지만, 특이하게 이때는 넣어야 한다고 거래소에서 주장하여 Fn이 들어간 것이다.

상장을 하고 나서 얼마 지나지 않아 KODEX에서도 친환경조선해운 액티브 ETF를 상장했다. 2023년 후반 조선 테마가 뜨기 시작하자 SOL에서도 조선TOP3플러스라는 조선 테마 압축 ETF를 상장했다. 조선 업종과 해운 업종이 비교적 같이 움직이지만 이때는 조선 업종만 더 많이 상승하던 때였다.

2024년에 들어서면서 조선 업종 테마가 뜨기 시작하고 SOL 조선ETF

에 돈이 몰리기 시작하자, TIGER도 2024년 10월에 조선TOP10을 최저보수로 상장하면서 조선 테마 ETF 전쟁에 뛰어들었다. 2025년에는 SOL에서 조선TO3레버리지를 상장하면서 TIGER에 응수했고, KODEX는 뒤늦게 해운을 뺀 조선TOP10을 만들었다.

시작은 HANARO였지만 SOL이 왕좌를 차지했고, TIGER가 뒤를 이었다. ETF 시장은 전쟁터이다. 새로운 아이디어와 테마가 잡힌다면 서로 먼저 왕좌를 차지하기 위해서 전쟁이 일어난다. 비록 전쟁에서 이기지 못했지만 처음으로 방향을 잡았다는 것에 자부심을 느낀다.

AI 테마 ETF

AI 테마 ETF는 2022년 11월에 Chat GPT가 오픈되면서 관심이 커지기 시작했다. AI란 인공지능(Artificial intelligence)을 이야기한다. 예전에도 여기저기에서 AI라는 단어가 많이 쓰였지만 '생성형 AI' 용어는 이때부터 시작되었다.

생성형 AI를 써 본 사람들의 놀라운 경험들이 쏟아져 나오면서 새로운 기술혁명이라고 이야기하는 사람들도 생겨났다. 이러한 테마에 발맞추어 액티브 ETF들이 가장 먼저 상장되었다. TIMEFOLIO글로벌AI인공지능액티브, HANARO글로벌생성형AI액티브가 AI ETF의 시작을 알렸다.

생성형 AI를 운영하기 위해서는 많은 양의 반도체와 많은 전력이 필요하다는 이야기가 나오면서 반도체 및 전력설비 테마가 AI의 수혜 테마로서 부각되기 시작했다. AI 테마가 인기를 끌면서 기존에 AI라는 용어가 쓰이지 않던 ETF들도 이름을 AI로 바꾸기도 했다. 기초지수 이름을 보면 확인이 가능하다. AI라는 단어에만 현혹되지 말고 실제적으로 어떤 종목에 투자하는지 구성 종목(PDF)을 보고 투자하는 것을 추천한다.

AI 테마는 크게 전체적인 AI ETF와 반도체, 테크, 전력설비, 소프트웨어로 나눌 수 있다. 먼저 해외에 투자하는 AI 테마 ETF를 살펴보자.

글로벌 AI 전체 ETF

종목명	상장일	수익률 (최근 1년)	기초지수	순자산총액	총보수(%)
TIMEFOLIO글로벌 AI인공지능액티브	2023. 5. 16.	41.61	Solactive Global Artificial Intelligence지수	997,019	0.80
HANARO글로벌 생성형AI액티브	2023. 7. 11.	44.58	Solactive United States Technology 100 Index(Price Return)	44,109	0.60
TIGER글로벌AI& 로보틱스INDXX	2023. 8. 17.	10.98	Indxx Global Robotics & Artificial Intelligence Thematic Index(PR)	108,461	0.49
TIGER글로벌 AI액티브	2023. 10. 11.	32.03	Indxx Artificial Intelligence and Big Data지수(PR)	361,486	0.79
TIGER글로벌 온디바이스AI	2024. 4. 16.	25.39	Mirae Asset Global On-Device AI지수(PR)	55,547	0.49

단위 : 백만 원

2025. 11. 14. 기준, KRX

글로벌 AI 전력인프라 ETF

종목명	상장일	수익률 (최근 1년)	기초지수	순자산총액	총보수(%)
KODEX미국AI전력핵심인프라	2024. 7. 9.	35.21	iSelect미국AI전력핵심 인프라지수(Price Return)	1,355,482	0.45
SOL미국AI전력인프라	2024. 7. 16.	44.13	KEDI미국AI전력 인프라지수(PR)	262,115	0.45
RISE미국AI밸류체인 TOP3Plus	2024. 7. 23.	47.84	KEDI미국AI밸류체인TOP3 Plus지수(Price Return)	90,217	0.01
PLUS글로벌AI인프라	2024. 8. 13.	27.49	Solactive Global AI Infrastructure Index (PR)	2,399	0.45
TIGER글로벌AI전력 인프라액티브	2024. 9. 10.	45.73	Mirae Asset AI Infrastructure지수(PR)	339,451	0.49
TIGER미국AI전력SMR	2025. 11. 4.	0.00	Akros U.S. AI Electricity SMR Index지수(PR)	102,185	0.49

단위 : 백만 원

2025. 11. 14. 기준, KRX
*상장한 지 1년이 되지 않은 ETF는 수익률 '0'으로 표시

글로벌 AI 반도체 ETF

종목명	상장일	수익률 (최근 1년)	기초지수	순자산총액	총보수(%)
ACE글로벌AI 맞춤형반도체	2024. 10. 22.	16.29	Solactive AI Custom Semiconductor Index(PR)	10,473	0.45
SOL미국AI 반도체칩메이커	2024. 4. 16.	36.43	Solactive US AI Semiconductor Chip Makers Index(PR)	35,424	0.45
TIGER미국AI 반도체팹리스	2024. 9. 24.	44.06	Mirae Asset US AI Fabless지수(PR)	29,727	0.49
TIGER미국필라델피아 AI반도체나스닥	2024. 11. 26.	0.00	PHLX US AI Semiconductor지수(PR)	779,765	0.49

단위 : 백만 원

2025. 11. 14. 기준, KRX
*상장한 지 1년이 되지 않은 ETF는 수익률 '0'으로 표시

글로벌 AI 소프트웨어 ETF

종목명	상장일	수익률 (최근 1년)	기초지수	순자산총액	총보수(%)
TIGER글로벌AI 플랫폼액티브	2021. 12. 22.	26.55	Indxx Global Metaverse Index (Price Return)	124,982	0.79
KODEX미국AI소프트웨어 TOP10	2025. 4. 22.	0.00	iSelect미국AI소프트웨어 TOP10지수(PR)	72,779	0.45
TIGER미국AI소프트 웨어TOP4Plus	2025. 9. 9.	0.00	Akros U.S. AI Software TOP4 Plus지수(Price Return)	123,720	0.49
SOL미국AI소프트웨어	2024. 5. 14.	16.42	KEDI미국AI소프트웨어지수(PR)	237,938	0.45
PLUS미국AI에이전트	2025. 5. 20.	0.00	Solactive US AI Agents Index(PR)	7,333	0.45

단위 : 백만 원

2025. 11. 14. 기준, KRX
*상장한 지 1년이 되지 않은 ETF는 수익률 '0'으로 표시

글로벌 AI 테크 ETF						
종목명	상장일	수익률 (최근 1년)	기초지수	순자산총액	총보수(%)	
KODEX미국나스닥 AI테크액티브	2021. 12. 22.	35.16	Nasdaq CB Insights Metaverse US Index (Price Return)	95,011	0.50	
TIGER글로벌AI사이버보안	2022. 2. 22.	0.35	Indxx Cybersecurity지수(PR)	35,909	0.49	
KIWOOM 미국고배당&AI테크	2025. 9. 23.	0.00	Akros미국AI테크TOP10 &미국고배당3070지수	27,618	0.45	
ACE미국AI테크핵심 산업액티브	2025. 10. 28.	0.00	Akros U.S. AI Innovato Price Return Index	141,888	0.45	
TIGER미국AI빅테크10	2024. 8. 27.	32.79	KEDI미국AI빅테크10지수(PR)	217,600	0.30	
KODEX미국AI테크TOP10	2024. 6. 25.	33.47	KEDI미국AI테크TOP10지수(PR)	277,896	0.30	
RISE미국AI테크액티브	2024. 11. 26.	0.00	Solactive US AI Tech Active Index PR	33,661	0.50	
HANARO글로벌피지컬 AI액티브	2025. 4. 22.	0.00	Solactive Physical AI Index	23,164	0.60	

단위 : 백만 원

2025. 11. 14. 기준, KRX
*상장한 지 1년이 되지 않은 ETF는 수익률 '0'으로 표시

AI 중국 및 아시아 테마 ETF						
종목명	상장일	수익률 (최근 1년)	기초지수	순자산총액	총보수(%)	
KODEX차이나AI테크액티브	2022. 5. 17.	41.77	Bloomberg China Media & Tech Index PR	33,953	0.50	
KODEX아시아AI반도 체exChina액티브	2023. 2. 1.	70.91	iSelect아시아반도체제조동맹지수 (시장가격)	13,991	0.50	
TIMEFOLIO차이나AI 테크액티브	2025. 5. 13.	0.00	Solactive China Artificial Intelligence 지수(원화환산)(PR)	183,982	0.80	
PLUS차이나AI테크TOP10	2025. 5. 13.	0.00	Solactive China AI Tech Top10 Index(PR)	15,565	0.49	
TIGER차이나AI소프트웨어	2025. 6. 17.	0.00	Mirae Asset China AI Software지수(Price Return, HKD)	29,407	0.49	
ACE차이나AI빅테크TOP2 +액티브	2025. 7. 29.	0.00	Solactive China AI Big Tech TOP2+ Index (Price Return)	16,203	0.45	

단위 : 백만 원

AI중국 및 아시아 테마 ETF
*상장한 지 1년이 되지 않은 ETF는 수익률 '0'으로 표시

국내 AI 테마는 아직 해외 AI 테마를 따라가지는 못하고 있지만 글로벌 AI 테마의 수혜가 되는 국내 반도체와 전력설비가 테마를 이끌고 있다. 뿐만 아니라 IT 강국으로서 반드시 독자적인 AI가 성장할 수 있을 것이라고 생각하여, 한국거래소에서 소버린AI지수를 산출했고 관련된 ETF가 상장되어 있다. 반도체와 전력설비 테마는 따로 이야기하기로 하고, 전체적인 한국 AI 테마 ETF에 대해서 살펴보자.

국내 AI 테마					
종목명	상장일	수익률 (최근 1년)	기초지수	순자산총액	총보수(%)
WON AI ESG액티브	2022. 1. 5.	75.29	MK-iSelect AI ESG지수 (시장가격지수)	12,200	0.31
FOCUS AI코리아액티브	2022. 11. 15.	65.20	코스피	40,341	0.46
TIGER AI코리아그로스액티브	2020. 9. 29.	73.60	코스피	32,376	0.40
KODEX코리아소버린AI	2025. 10. 21.	0.00	KRX코리아소버린AI지수	128,618	0.45
1Q K소버린AI	2025. 9. 30.	0.00	iSelect K소버린AI지수	31,146	0.49
SOL한국AI소프트웨어	2025. 9. 23.	0.00	KEDI한국AI 소프트웨어지수(PR)	19,647	0.45

단위 : 백만 원

2025. 11. 14. 기준, KRX
*상장한 지 1년이 되지 않은 ETF는 수익률 '0'으로 표시

Editor's Pick ETF*

해외 : HANARO글로벌생성형AI액티브
　　　TIGER글로벌AI전력인프라액티브
국내 : KODEX코리아소버린AI

* Editor's Pick ETF는 Editor가 관련 기초지수, 수익률, 거래량, 순자산, 총보수, 장중 괴리율 등을 고려해
　독자적으로 선정한 ETF로서 특정한 기관의 대표 의견은 아니다.

반도체 테마 ETF

반도체 ETF는 AI 발전에 따라 직접적으로 가장 큰 수혜를 입은 섹터이다. 반도체 ETF는 KRX 섹터로 시작되었지만, 이제는 섹터를 넘어 다양한 테마로 국내뿐만 아니라 해외 반도체 ETF가 출시되어 있다.

먼저 국내 반도체 ETF를 살펴보면 2가지로 구분할 수 있다. 대표적인 반도체 업종에 투자하는 ETF, 좀 더 세부적으로 공정에 투자하는 ETF이다. 먼저 국내 반도체 업종 ETF를 살펴보면 수익률뿐만 아니라 순자산총액도 상당히 크게 늘어났음을 볼 수 있다. 상위 2종은 각각 순자산이 1조 원이 넘는다.

국내 대표 반도체 ETF					
종목명	상장일	수익률 (최근 1년)	기초지수	순자산총액	총보수(%)
TIGER반도체TOP10	2021. 8. 10.	101.90	FnGuide반도체TOP10지수	1,738,542	0.45
KODEX반도체	2006. 6. 27.	100.25	KRX반도체	1,419,587	0.45
HANARO Fn K-반도체	2021. 7. 30.	114.45	FnGuide K-반도체지수	822,219	0.45
KODEX AI반도체	2021. 7. 30.	111.69	FnGuide AI반도체지수	715,621	0.45
TIGER 반도체	2006. 6. 27.	104.21	KRX반도체	394,030	0.46
ACE AI반도체포커스	2023. 10. 17.	107.91	FnGuide AI반도체포커스지수 (시장가격)	124,321	0.30
WON반도체밸류체인 액티브	2024. 1. 16.	128.78	FnGuide반도체밸류체인 (Price Return)지수	68,824	0.31
RISE AI반도체TOP10	2025. 8. 26.	0.00	FnGuide AI반도체TOP10지수	83,701	0.20

단위 : 백만 원

2025. 11. 14. 기준, KRX
*상장한 지 1년이 되지 않은 ETF는 수익률 '0'으로 표시

국내 반도체 세부 테마 ETF					
종목명	상장일	수익률 (최근 1년)	기초지수	순자산총액	총보수(%)
SOL AI반도체소부장	2023. 4. 25.	75.46	FnGuide AI반도체소부장지수	446,782	0.45
RISE비메모리반도체액티브	2021. 6. 10.	79.91	iSelect비메모리반도체지수 (시장가격지수)	210,585	0.50
KODEX AI반도체핵심장비	2023. 11. 21.	82.93	iSelect AI반도체핵심장비지수	184,655	0.39
TIGER AI반도체핵심공정	2023. 11. 21.	44.28	iSelect AI반도체핵심공정지수	129,130	0.45
SOL반도체전공정	2024. 2. 14.	65.49	FnGuide반도체전공정지수(PR)	41,727	0.45
DAISHIN343 AI반도체 &인프라액티브	2024. 6. 18.	90.56	FnGuide AI반도체&인프라지수	28,133	0.36
SOL반도체후공정	2024. 2. 14.	106.21	FnGuide반도체후공정지수(PR)	24,607	0.45
HANARO반도체 핵심공정주도주	2024. 2. 27.	62.56	FnGuide반도체핵심공정지수	20,158	0.45
ITF K-AI반도체코어테크	2025. 1. 21.	0.00	FnGuide K-AI반도체코어테크지수	16,803	0.28
KIWOOM K-반도체 북미공급망	2024. 7. 23.	69.07	Solactive K-Semiconductor North America Supply Chain지수	16,234	0.49
KoAct반도체& 2차전지핵심소재액티브	2024. 5. 14.	48.10	iSelect반도체 &2차전지핵심소재지수	4,590	0.50

단위 : 백만 원

2025. 11. 14. 기준, KRX
*상장한 지 1년이 되지 않은 ETF는 수익률 '0'으로 표시

해외 반도체 ETF는 4가지 유형으로 나누어진다. 미국 반도체, 글로벌 반도체, 아시아 반도체, 합성형(레버리지, 인버스)이다. 미국 시장의 상승을 이끈 업종이 반도체 업종이었으며, TIGER 미국필라델피아반도체나스닥 ETF는 순자산 1위 ETF로 3조 원이 넘는다. 거의 대부분 환율에 대해서는 오픈되어 있고 RISE 미국반도체NYSE(H) 종목만 환헤지되어 있다. 미국 달러가 지속 강세로 이어지고 있어서 같은 ETF 환오픈과 수익

률이 크게 차이 나는 것을 볼 수 있다.

미국 반도체 ETF					
종목명	상장일	수익률 (최근 1년)	기초지수	순자산총액	총보수(%)
TIGER미국필라델피아 반도체나스닥	2021. 4. 9.	41.14	PHLX Semiconductor Sector Index	3,071,035	0.49
TIGER미국필라델피아 AI반도체나스닥	2024. 11. 26.	0.00	PHLX US AI Semiconductor지수(PR)	779,765	0.49
KODEX미국반도체	2021. 6. 30.	44.49	MVIS US Listed Semiconductor 25 Index	621,260	0.09
SOL미국AI반도체 칩메이커	2024. 4. 16.	36.43	Solactive US AI Semiconductor Chip Makers Index(PR)	35,424	0.45
TIGER미국AI반도체 팹리스	2024. 9. 24.	44.06	Mirae Asset US AI Fabless지수(PR)	29,727	0.49
RISE미국반도체NYSE	2023. 10. 24.	37.01	NYSE Semicondoctor Index (Price Return)	23,297	0.01
RISE미국반도체 NYSE(H)	2023. 10. 24.	28.77	NYSE Semicondoctor Index (Price Return)	20,522	0.01

단위 : 백만 원

2025. 11. 14. 기준, KRX
*상장한 지 1년이 되지 않은 ETF는 수익률 '0'으로 표시

글로벌 반도체 ETF					
종목명	상장일	수익률 (최근 1년)	기초지수	순자산총액	총보수(%)
ACE글로벌반도체 TOP4Plus	2022. 11. 15.	77.51	Solactive Global Semiconductor TOP4 Plus Price Return Index	653,920	0.45
PLUS글로벌HBM반도체	2022. 9. 22.	128.37	iSelect글로벌HBM반도체지수	38,345	0.50
ACE글로벌AI 맞춤형반도체	2024. 10. 22.	16.29	Solactive AI Custom Semiconductor Index(PR)	10,474	0.45

단위 : 백만 원

2025. 11. 14. 기준, KRX

아시아 반도체 ETF

종목명	상장일	수익률 (최근 1년)	기초지수	순자산총액	총보수(%)
TIGER차이나반도체 FACTSET	2021. 8. 10.	29.39	FactSet China Semiconductor지수(PR)	128,405	0.49
TIGER일본반도체 FACTSET	2023. 9. 19.	39.48	FactSet Japan Semiconductor Index(PR)	15,849	0.49
PLUS일본반도체 소부장	2023. 8. 31.	38.24	Solactive Japan Semiconductor Materials and Equipment Index PR	15,350	0.50
KODEX아시아AI반도체 exChina액티브	2023. 2. 1.	70.91	iSelect아시아반도체 제조동맹지수(시장가격)	13,991	0.50
ACE일본반도체	2023. 10. 17.	53.44	Bloomberg Japan SemiconductorSelect Top 25 Index(Price Return)	6,881	0.45

단위 : 백만 원   2025. 11. 14. 기준, KRX

합성형(레버리지, 인버스) ETF

종목명	상장일	수익률 (최근 1년)	기초지수	순자산총액	총보수(%)
TIGER미국필라델피아 반도체레버리지(합성)	2022. 4. 19.	62.36	PHLX Semiconductor Sector Index	322,314	0.58
ACE미국반도체데일리 타겟커버드콜(합성)	2024. 4. 23.	16.15	Bloomberg US Listed Semiconductor Premium Decrement 15% Distribution Index	89,848	0.45
RISE미국반도체 인버스(합성H)	2024. 10. 22.	-37.83	NYSE Semicondoctor Index(Price Return)	5,851	0.49

단위 : 백만 원   2025. 11. 14. 기준, KRX

Editor's Pick ETF*

국내 : HANARO Fn K-반도체   해외 : TIGER미국필라델피아반도체나스닥

* Editor's Pick ETF는 Editor가 관련 기초지수, 수익률, 거래량, 순자산, 총보수, 장중 괴리율 등을 고려해
  독자적으로 선정한 ETF로서 특정한 기관의 대표 의견은 아니다.

반도체 ETF에
삼성전자가 없다?

삼성전자와 하이닉스는 반도체 ETF에 처음부터 같이 포함되지는 않았다. 처음 거래소에 상장된 반도체 ETF에는 하이닉스만 포함되었다. 한국거래소가 만든 반도체 지수가 반도체 섹터형 ETF여서 하이닉스만 반도체 섹터에 포함되었기 때문이다. 삼성전자는 IT 섹터였다. 그런 이유로 반도체 ETF에 삼성전자는 포함되어 있지 않았고 하이닉스만 있었다.

삼성전자와 하이닉스에 동시에 투자하고 싶어서 이 두 종목을 포함한 반도체 회사에 투자하는 HANARO Fn K-반도체 ETF를 만들었다. 사실 반도체에 투자하는 사람들은 삼성전자와 하이닉스 두 종목에 투자하고 싶을 거라는 생각 때문이었다. 물론 내가 그렇게 투자하고 싶어서이기도 했다. 종목을 구성할 때 삼성전자와 하이닉스의 비중을 상당히 많이 높였다. 마음 같아서는 딱 2종만 넣고 싶었지만 10종목 이상 구성되어야 하는 기준이 있어서 다른 반도체 종목들도 넣어서 만들었다.

얼마 후 기존에 상장한 반도체 ETF들도 하이닉스와 삼성전자를 담는 일이 벌어졌다. 한국거래소에서 지수에 삼성전자를 넣었기 때문이다. 그래서 지금은 대부분의 반도체 ETF가 하이닉스와 삼성전자 모두 포함하고 있다. 실제로 이 두 종목은 우리나라 주식 시장을 이끌고 있다.

전력설비 테마 ETF

전력설비 테마란 AI 발전에 따른 전력 인프라 확충에 필요한 전력기기(발전기, 변압기, 전동기 등)를 개발, 생산, 공급하는 산업에 투자하는 것을 말한다. 단지 AI 발달뿐만 아니라 그동안 화석연료에 의존했던 에너지를 풍력이나 수력, 태양광 등 대체 에너지로 공급받기 위해서는 전력 인프라의 재설치가 필수적이다. 또한 국내 전력설비 업체들이 AI를 이끄는 미국에 수출이 늘어나면서 주목을 받고 있다. 2023년 4월에 HANARO CAPEX설비투자iSelect ETF가 관련 ETF를 중에 먼저 상장하면서 전력설비 테마가 시작되었다. 국내와 해외전력설비 ETF들을 순자산총액 순으로 살펴보자.

국내 전력설비 ETF					
종목명	상장일	수익률 (최근 1년)	기초지수	순자산총액	총보수(%)
KODEX AI전력핵심설비	2024. 7. 9.	165.09	iSelect AI전력핵심설비지수(Price Return)	1,002,712	0.39
TIGER코리아AI전력기기 TOP3플러스	2025. 10. 21.	0.00	KEDI코리아AI전력기기 TOP3플러스지수	311,156	0.40
HANARO CAPEX 설비투자iSelect	2023. 4. 18.	130.48	iSelect CAPEX설비투자지수	88,371	0.45
HANARO전력설비투자	2024. 9. 24.	161.46	iSelect전력설비투자지수	80,754	0.35
RISE AI전력인프라	2025. 9. 23.	0.00	KRX-Akros AI 전력인프라지수	49,412	0.20

단위 : 백만 원

2025. 11. 14. 기준, KRX
*상장한 지 1년이 되지 않은 ETF는 수익률 '0'으로 표시

해외 전력설비 ETF					
종목명	상장일	수익률 (최근 1년)	기초지수	순자산총액	총보수(%)
KODEX미국AI전력 핵심인프라	2024. 7. 9.	35.21	iSelect미국AI전력핵심 인프라지수(Price Return)	1,355,483	0.45
TIGER글로벌AI전력 인프라액티브	2024. 9. 10.	45.73	Mirae Asset AI Infrastructure지수(PR)	339,451	0.49
SOL미국AI전력인프라	2024. 7. 16.	44.13	KEDI미국AI전력 인프라지수(PR)	262,116	0.45
TIGER미국AI전력SMR	2025. 11. 4.	0.00	Akros U.S. AI Electricity SMR Index지수(PR)	102,186	0.49

단위 : 백만 원

2025. 11. 14. 기준, KRX
*상장한 지 1년이 되지 않은 ETF는 수익률 '0'으로 표시

Editor's Pick ETF*

국내 : KODEX AI전력핵심설비

해외 : TIGER글로벌AI전력인프라액티브

* Editor's Pick ETF는 Editor가 관련 기초지수, 수익률, 거래량, 순자산, 총보수, 장중 괴리율 등을 고려해
  독자적으로 선정한 ETF로서 특정한 기관의 대표 의견은 아니다.

4
커버드콜 ETF

커버드콜 ETF란 콜옵션(시장이 상승할 때의 이익)을 매도해 기초지수에 더하여 프리미엄을 받는 전략 ETF이다. 최초 상장은 오래전인 2012년에 되었지만 인기를 끌지 못하다가 최근에 주목을 받고 있다. 특히 월배당을 받으려는 투자자가 늘어나면서 월배당에 특화된 커버드콜 ETF가 출시되고 있다. 먼저 인기를 끌었던 미국시장에 커버드콜 전략을 씌우면서 출시되었고, 국내 커버드콜 ETF 또한 위클리 커버드콜 전략까지 상장되어 있다. 게다가 옵션을 이용한 수익은 비과세가 되기 때문에 더욱 더 인기 있다.

그렇지만 기초지수가 급격하게 오르는 상승장이 오게 되면 기초지수를 따라가지 못하기 때문에 커버드콜 전략이 인기가 없어진다. 시장이 급격히 상승할 때보다는 횡보하거나 소폭 하락이 예상될 때 투자하기 좋은 ETF라고 볼 수 있다. 채권 커버드콜 ETF 및 개별 주식 커버드콜까지 상장되어 있다.

다양한 커버드콜 ETF가 있기 때문에 기초지수를 보면서 어떤 옵션에 투자하는지를 판단해야 한다. ATM 또는 OTM에 투자하는지 체크해 볼 필요가 있다. ATM(At The Money)은 옵션의 행사가격이 현재 기초지수의 가격과 거의 동일한 상태를 의미하며, OTM(Out of The Money)은 옵션의 행사가격이 현재 기초지수보다 불리한 상태를 이야기한다.

콜옵션을 매도한다는 것은, ATM은 비교적 안정적으로, OTM은 좀 더

국내 커버드콜 ETF			
종목명	기초지수	순자산총액	총보수(%)
KODEX200타겟위클리커버드콜	코스피200타겟15%위클리커버드콜지수	1,363,295	0.39
RISE200위클리커버드콜	코스피200위클리커버드콜ATM지수	552,702	0.30
KODEX금융고배당TOP10 타겟위클리커버드콜	코스피200금융고배당TOP10타겟 15%분배위클리커버드콜지수	516,783	0.39
TIGER배당커버드콜액티브	코스피200커버드콜5%OTM	169,624	0.50
PLUS고배당주위클리커버드콜	코스피고배당위클리콜매도ATM지수	153,132	0.30
PLUS고배당주위클리고정커버드콜	코스피고배당위클리고정커버드콜지수	64,133	0.30
TIGER200타겟위클리커버드콜	코스피200타겟7%위클리커버드콜지수	40,665	0.25
TIGER코리아배당다우존스 위클리커버드콜	KRX다우존스코리안배당30타겟7% 위클리커버드콜지수	31,486	0.25
TIGER200커버드콜	코스피200커버드콜ATM지수	24,445	0.38
RISE200고배당커버드콜ATM	코스피200고배당커버드콜 ATM지수(시장가격지수)	17,493	0.40
RISE코리아밸류업 위클리고정커버드콜	코리아밸류업위클리커버드콜30%지수	11,055	0.30
TIGER200커버드콜OTM	코스피200커버드콜5%OTM	8,403	0.38

단위 : 백만 원   2025. 11. 14. 기준, KRX

공격적으로 볼 수 있다. 커버드콜 전략이 인기를 끌면서 혼합자산 커버드콜까지 출시되었다. 국내에는 KODEX200타겟위클리커버드콜 ETF가 순자산이 1조 3,000억 원이 되고, 해외는 TIGER 미국30년국채커버드콜 액티브(H)가 1조 3,000억 원으로 순자산이 가장 크다.

해외 주식형 커버드콜 순자산 상위 ETF			
종목명	기초지수	순자산총액	총보수(%)
TIGER미국나스닥100타겟데일리커버드콜	NASDAQ 100 Daily Covered Call Target Premium 15% 지수(TR)	933,719	0.25
TIGER미국배당다우존스타겟커버드콜2호	Dow Jones U.S. Dividend 100 7% Premium Covered Call 지수(TR)	897,917	0.39
KODEX미국배당커버드콜액티브	S&P 500	790,597	0.19
KODEX미국AI테크TOP10타겟커버드콜	KEDI미국AI테크TOP10 + 15%프리미엄지수(Total Return)	549,033	0.39
TIGER미국테크TOP10타겟커버드콜	Bloomberg U.S. Tech TOP10 + 10% Premium Covered Call Index	519,576	0.50
KODEX미국나스닥100데일리커버드콜OTM	NASDAQ-100 Daily Covered Call 101 Index(TR)	388,333	0.25
TIGER미국S&P500타겟데일리커버드콜	S&P 500 10% Daily Premium Covered Call Index(TR)	387,049	0.25
TIGER미국나스닥100커버드콜(합성)	Cobe Nasdaq-100 BuyWrite V2지수(Total Return)	380,402	0.37
RISE미국AI밸류체인데일리고정커버드콜	KEDI미국AI밸류체인90%참여 + 데일리옵션프리미엄지수(TR)	371,116	0.25
TIGER미국AI빅테크10타겟데일리커버드콜	KEDI 미국 AI빅테크10 + 15% 데일리 프리미엄 지수(TR)	239,358	0.25
ACE미국빅테크7+데일리타겟커버드콜(합성)	Bloomberg US Big Tech TOP 7 Plus Premium Decrement 15% Distribution Index	185,591	0.45
RISE미국테크100데일리고정커버드콜	KEDI미국테크100 90%참여 + 데일리옵션프리미엄지수(TR)	171,406	0.25
KODEX미국배당다우존스타겟커버드콜	Dow Jones U.S. Dividend 100 10% Premium Covered Call Index(Total Return)	164,011	0.39
ACE미국500데일리타겟커버드콜(합성)	Bloomberg US 500 Large Cap Premium Decrement 15% Distribution Index	159,210	0.45
TIGER미국배당다우존스타겟데일리커버드콜	Dow Jones U.S. Dividend 100 10%Daily Premium Covered Call 지수	153,310	0.25

단위 : 백만 원

2025. 11. 14. 기준, KRX

해외 채권형 커버드콜 ETF			
종목명	기초지수	순자산총액	총보수(%)
TIGER미국30년국채커버드콜액티브(H)	KEDI미국채30년위클리커버드콜30지수(Total Return)	1,322,603	0.39
KODEX미국30년국채타겟 커버드콜(합성H)	Bloomberg U.S. Treasury 20 + Year(TLT) + 12% Premium Covered Call Index(TR)	892,044	0.25
SOL미국30년국채커버드콜(합성)	KEDI미국국채20년 + 커버드콜지수(NTR)	385,643	0.25
RISE미국30주년국채커버드콜(합성)	Bloomberg U.S. Treasury 20 + Year(TLT) + 2% OTM Covered Call Index(TR)	61,704	0.25

단위 : 백만 원   2025. 11. 14. 기준, KRX

해외 혼합자산 커버드콜 ETF			
종목명	기초지수	순자산총액	총보수(%)
KODEX테슬라커버드콜채권혼합액티브	KEDI테슬라인컴프리미엄밸런스드지수(TR)	319,879	0.39
SOL팔란티어커버드콜OTM채권혼합	KEDI팔란티어커버드콜OTM채권혼합지수(NTR)	202,347	0.35
SOL팔란티어미국채커버드콜혼합	KEDI팔란티어미국채커버드콜혼합지수(NTR)	76,984	0.35
TIGER엔비디아미국채커버드콜밸런스(합성)	KEDI엔비디아미국채30년타겟커버드콜혼합지수(TR)	56,865	0.39
RISE테슬라미국채타겟커버드콜혼합(합성)	KEDI테슬라미국국채15%타겟프리미엄혼합지수(TR)	28,437	0.25
FOCUS알리바바미국채커버드콜혼합	KEDI알리바바미국채커버드콜혼합지수(TR)	10,083	0.36

단위 : 백만 원   2025. 11. 14. 기준, KRX

배당 분배율로 봤을 경우 국내형 커버드콜 ETF 중 1위는 PLUS 고배당 위클리커버드콜 18.27%(2025년 11월 14일 기준)이다. 고배당을 추구하면서 커버드콜 전략으로 분배율을 높였다. PLUS 고배당의 분배율을 3.87%에 비교한다면 커버드콜 전략으로 투자할 만하다. RISE200위클리커버드콜 같은 경우도 높은 14.54% 분배율을 보여 주고 있다(RISE200의 분배율 1.45%).

국내형 커버드콜 ETF 분배율	
종목명	분배율(연, %)
PLUS고배당주위클리커버드콜	18.27
RISE200위클리커버드콜	14.54
KODEX200타겟위클리커버드콜	12.87
TIGER배당커버드콜액티브	12.52
KODEX금융고배당TOP10타겟위클리커버드콜	11.21
KODEX한국부동산리츠인프라	9.72
PLUS고배당주위클리고정커버드콜	9.65
RISE200고배당커버드콜ATM	8.3
TIGER200커버드콜	7.64

2025. 11. 14. 기준, KRX

해외형 커버드콜 같은 경우는 분배율이 제일 높은 것은 KODEX미국나스닥100데일리커버드콜OTM이다. 우리나라는 옵션 시장이 위클리까지 열리지만 미국 시장은 데일리 옵션도 있기 때문에 데일리로 콜옵션 매도로 수익을 얻는 ETF들의 분배율이 19%까지 된다. 당연히 데일리 옵션이기 때문에 하루에 급격한 상승을 한다면 큰 손실도 발생할 수 있으니 주의해야 한다.

해외형 커버드콜 ETF 분배율	
종목명	분배율(연, %)
KODEX미국나스닥100데일리커버드콜OTM	19.55
RISE미국테크100데일리고정커버드콜	18.84
RISE미국배당100데일리고정커버드콜	17.69
RISE미국AI밸류체인데일리고정커버드콜	16.87
ACE미국500데일리타겟커버드콜(합성)	15.96
ACE미국빅테크7+데일리타겟커버드콜(합성)	14.68
PLUS미국배당증가성장주데일리커버드콜	14.24
TIGER미국AI빅테크10타겟데일리커버드콜	14.01
KODEX미국30년국채타겟커버드콜(합성H)	13.84
ACE미국반도체데일리타겟커버드콜(합성)	13.67
TIGER미국나스닥100타겟데일리커버드콜	13.63
SOL미국30년국채커버드콜(합성)	13.5
TIGER미국30년국채커버드콜액티브(H)	12.52
KODEX미국배당다우존스타겟커버드콜	12.47
KODEX미국AI테크TOP10타겟커버드콜	12.46
RISE미국30년국채커버드콜(합성)	12.1
SOL미국500타겟데일리커버드콜액티브	11.61
TIGER미국나스닥100커버드콜(합성)	11.58
KODEX미국S&P500데일리커버드콜OTM	11.14
TIGER미국배당다우존스타겟커버드콜2호	10.94
TIGER미국배당다우존스타겟데일리커버드콜	10.05
RISE테슬라미국채타겟커버드콜혼합(합성)	10
TIGER엔비디아미국채커버드콜밸런스(합성)	9.64
KODEX미국배당커버드콜액티브	9.51
TIGER미국테크TOP10타겟커버드콜	9.24
TIGER미국S&P500타겟데일리커버드콜	9.16
SOL팔란티어미국채커버드콜혼합	8.16
TIGER미국배당다우존스타겟커버드콜1호	7.04

2025. 11. 7. 기준, CHECK

Editor's Pick ETF*

국내 : RISE200위클리커버드콜
해외 : KODEX미국나스닥100데일리커버드콜OTM

* Editor's Pick ETF는 Editor가 관련 기초지수, 수익률, 거래량, 순자산, 총보수, 장중 괴리율 등을 고려해
독자적으로 선정한 ETF로서 특정한 기관의 대표 의견은 아니다.

5
골드·원자재
ETF

골드, 즉 금에 투자하는 ETF는 분산투자에서 반드시 필요하다. 특히 인플레이션 헤지를 위하여 금 투자가 활발하다. 그러나 투자 시 주의할 점은 골드와 미국 환율에 같이 투자하는 상품이 있고, 골드에만 투자하는 상품이 있기 때문에 반드시 구분하여 투자해야 한다.

골드 ETF				
종목명	상장일	기초지수	순자산	총보수(%)
KODEX골드선물(H)	2010. 10. 1.	S&P GSCI Gold Index(TR)	415,461	0.68
TIGER골드선물(H)	2019. 4. 9.	S&P GSCI Gold Index(TR)	154,255	0.39
KODEX금액티브	2025. 6. 17.	Bloomberg Gold Spot NY 4pm USD Index	232,224	0.30
SOL국제금커버드콜액티브	2025. 3. 11.	KEDI골드인컴프리미엄지수(NTR)	49,052	0.45
SOL국제금	2025. 6. 17.	KEDI국제금현물 ETF가격지수(PR)	95,404	0.30
ACE골드선물레버리지(합성H)	2015. 7. 28.	S&P GSCI GOLD Index Excess Return	26,344	0.49
TIGER금은선물(H)	2011. 4. 8.	S&P GSCI Precious Metals Index(TR)	26,143	0.69
KODEX골드선물인버스(H)	2017. 11. 9.	S&P GSCI GOLD Index Excess Return	3,615	0.45

단위 : 백만 원

2025. 11. 7. 기준, CHECK

국내 금현물 ETF				
종목명	상장일	기초지수	순자산총액	총보수(%)
ACE KRX금현물	2021. 12. 15.	KRX금현물지수	3,088,999	0.19
TIGER KRX금현물	2025. 6. 24.	KRX금현물지수	853,184	0.15

단위 : 백만 원

2025. 11. 14. 기준, KRX

원자재 ETF				
종목명	상장일	기초지수	순자산총액	총보수(%)
KODEX구리선물(H)	2011. 3. 15.	S&P GSCI North American Copper Index(TR)	30,831	0.68
TIGER구리실물	2012. 12. 17.	S&P GSCI Cash Copper Index	54,844	0.83
KODEX은선물(H)	2011. 7. 18.	S&P GSCI Silver Index(TR)	313,184	0.68
RISE팔라듐선물(H)	2019. 9. 24.	S&P GSCI Palladium Excess Return Index	5,760	0.60
RISE팔라듐선물인버스(H)	2019. 9. 24.	S&P GSCI Palladium Excess Return Index	1,983	0.60

단위 : 백만 원

2025. 11. 14. 기준, KRX

골드 수익률 비교					
종목명	1개월	3개월	6개월	1년	3년
ACE KRX금현물	-9.25	32.80	35.11	71.10	158.55
TIGER골드선물(H)	1.35	23.06	26.58	55.90	106.54
KODEX골드선물(H)	1.27	22.99	26.80	56.47	108.47

2025. 11. 14. 기준, KRX

　　골드에만 투자하는지 아니면 환율까지 같이 투자하는지를 구분하는 방법은 기초지수를 확인하는 것이다. 기초지수가 S&P이거나 국제금이라고 되어 있으면 국제 금 가격에만 투자하는 ETF이고, KRX 금현물지수라고 되어 있으면 국제금 가격 곱하기 환율에 같이 투자하는 것이다. 우리나라에서 이야기하는 금 가격이 한 돈에 얼마라고 하는 것은 금 가격에 환율을 계산한 것으로 금 현물지수라고 볼 수 있다.

그러나 런던 금 가격이 4,000달러라는 것은 환율을 제외한 가격을 이야기한 것이기 때문에 투자하려는 기초지수를 구별하며 투자해야 한다. 달러 가격과 금 가격은 역사적으로 상반된 흐름을 보여 주었다. 즉 달러가 약세이면 금 가격이 상승했다. 이런 경우 원화 강세가 되면 환율은 떨어지게 되고 금 가격이 올라도 환율 때문에 수익이 나지 않을 수도 있다.

옆의 수익률 비교표에서 금현물과 골드선물 수익률 차이가 크게 나는 이유가 환율 차이 때문이다. 그러나 역사적 흐름과는 달리 달러가 강세가 되면서 금 가격이 오르고 있기 때문에 오히려 금현물 ETF에 투자하는 것이 수익률이 훨씬 좋다. 현재 가장 큰 원자재 ETF는 ACE KRX금현물 ETF이며 순자산이 3조 원이 넘는다.

금 가격 계산식

런던 금 가격에서 한국 금 가격이 나오는 방법을 보면 다음과 같다. 예를 들어, 국제 금 가격이 3,800USD, 원화 환율이 1,400원이라고 가정할 때 이렇게 표현된다(수수료율이 없다고 가정 시).

한국 금 가격(원/g) = [런던 금 가격($/oz) × 환율(원/$)] ÷ 31.1035 × (1 + 수수료율)

국제 금 가격(LBMA) : 3,800USD / 1온스

1온스 = 31.103 g

환율 = 1달러 / 1,400원

한국 금 가격 = 3,800USD / 31g = 122.17USD / 1g = 약 17만 원 / 1g

금 1돈(3.75g) = 약 63만 원

Editor's Pick ETF*

국제 금 가격 연동 : SOL 국제금

금 가격 + 달러 연동 : ACE KRX금현물

6

고배당 ETF

국내 주식형 ETF 중에 분배율이 가장 높은 순서대로 찾아보자. 제일 분배율이 높은 것은 6.42%의 KoAct배당성장액티브 ETF이고, TIMEFOLIO Korea플러스배당액티브 ETF가 4.80%이다(2025년 11월 7일 기준, CHECK).

상위 2종목이 모두 패시브형이 아닌 액티브형이다. 패시브형으로는 KODEX 보험, KIWOOM 고배당이 4.69%, 4.35%의 분배율을 보여 준다. 그외에 고배당으로 이름 붙은 ETF들이 약 4% 수준의 분배율을 보여 준다.

국내 주식형 고배당 ETF 분배율			
종목명	기초지수	순자산총액	분배율(연, %)
KoAct배당성장액티브	코스피	36,087	6.42
TIMEFOLIO Korea플러스배당액티브	KOSPI200	243,978	4.80
KODEX보험	KRX보험	49,065	4.69
KIWOOM고배당	FnGuide Wealth고배당20	44,711	4.35
KODEX고배당주	FnGuide고배당Plus지수	301,190	4.21
HANARO K고배당	FnGuide K고배당	21,169	4.08
SOL금융지주플러스고배당	FnGuide금융지주플러스고배당지수	264,046	4.05
TIGER은행고배당플러스TOP10	FnGuide은행고배당플러스TOP10지수	715,159	3.88
PLUS고배당주	FnGuide고배당주	1,695,637	3.87
ACE주주환원가치주액티브	FnGuide올라운드가치주지수	76,172	3.74

단위 : 백만 원

2025. 11. 7. 기준, CHECK

해외 주식형 고배당은 예상외로 미국이 아닌 대만테크고배당의 분배율이 가장 높다. 그 다음이 차이나HSCEI이다. 미국배당다우존스지수에 투자하는 ETF가 타미당, 솔미당이란 이름까지 들으며 투자자들이 자금을 많이 들어오긴 했지만 오히려 4%가 넘지 못하는 분배율을 기록했다. 순자산은 TIGER미국배당다우존스 ETF가 2조 1,000억 원으로 제일 잔고가 크다.

해외 주식형 고배당 ETF 분배율			
종목명	기초지수	순자산총액	분배율(연, %)
KODEX대만테크고배당다우존스	Dow Jones Taiwan Technology Dividend 30 Index (TWD)	12,974	6.86
TIGER차이나HSCEI	항셍차이나기업(H)	51,264	4.59
TIGER유로스탁스배당30	ESTXSD30 EUR P	27,599	3.81
ACE미국배당다우존스	Dow Jones U.S. Dividend 100 Price Return Index	624,580	3.67
SOL미국배당다우존스(H)	Dow Jones U.S. Dividend 100 Price Return Index	202,714	3.62
KODEX미국배당다우존스	Dow Jones U.S. Dividend 100 Price Return Index	348,680	3.6
KODEX차이나H	항셍차이나기업(H)	50,253	3.57
SOL미국배당다우존스	Dow Jones U.S. Dividend 100 Price Return Index	749,206	3.54
TIGER미국배당다우존스	Dow Jones U.S. Dividend 100 Price Return Index	2,183,123	3.46
RISE미국S&P배당킹	S&P Dividend Monarchs Index (USD)	16,147	3.04

단위 : 백만 원

2025. 11. 7. 기준, CHECK

Editor's Pick ETF*

국내 : KoAct배당성장액티브
해외 : ACE미국배당다우존스

* Editor's Pick ETF는 Editor가 관련 기초지수, 수익률, 거래량, 순자산, 총보수, 장중 괴리율 등을 고려해
  독자적으로 선정한 ETF로서 특정한 기관의 대표 의견은 아니다.

7
채권형
ETF

　채권형 ETF는 투자하는 채권의 만기에 따라 단기,중기,장기로 나뉘어 진다. 단기는 1년 이하, 중기는 1~5년, 장기는 5년 이상이다. 채권형 ETF 는 주식형 ETF에 비해 인기를 끌지 못했다. 금리가 낮았기 때문에 단기 채권 ETF를 1년 동안 지속적으로 투자한다고 해도 2% 정도 수준밖에 나 오지 않았기 때문이다. 하지만 세계적으로 코로나19 이후 2022년부터 금 리가 인상되었다. 그리고 2024년부터 금리인하 사이클이 시작되었는데 금리가 하락하면 채권 가격이 상승하기 때문에 채권 ETF도 수익이 나면 서 주식형 ETF에 비해서도 충분히 매력적으로 변화했다.

　국내뿐만 아니라 미국 채권형 ETF에도 많은 투자자가 몰리고 있다. 그 러나 여전히 국내 채권형 ETF는 개인투자자보다는 기관투자자 위주로 형성되어 있다. 만기가 있는 채권형 ETF도 있는데, 예를 들어 KODEX

26-12회사채(AA-이상)액티브는 2026년 12월 만기인 회사채에 투자하는 상품이다. 다른 채권형 ETF는 만기가 되면 계속 리밸런싱을 하면서 채권 ETF가 지속되지만, 만기형 ETF는 만기가 되면 상장폐지가 된다. 그러나 채권에 직접 투자하는 것처럼 만기가 있기 때문에 만기까지 보유하고 있으면 기대하는 수익률을 얻을 수 있다.

단기채권 ETF 순자산 TOP 10				
종목명	수익률(최근 1년)	기초지수	순자산총액	총보수(%)
KODEX단기채권PLUS	1.97	KRW Cash PLUS지수(총수익)	1,833,793	0.15
RISE단기특수은행채액티브	0.00	KAP단기특수은행채지수(시장가격)	1,324,444	0.01
TIGER25-12금융채(AA-이상)	3.41	KIS금융채2512만기형지수(총수익)	1,125,907	0.10
TIGER단기통안채	2.57	KIS MSB 6M(총수익)	1,063,786	0.07
SOL초단기채권액티브	3.20	KAP 단기자금시장지수	1,000,342	0.05
TIGER단기채권액티브	2.81	KIS MSB 6M PLUS지수	829,159	0.06
KODEX26-12회사채(AA-이상)액티브	3.38	KAP26-12회사채 총수익지수(AA-이상)	750,878	0.09
KODEX단기채권	1.60	KRW Cash지수(총수익)	712,478	0.15
KODEX26-12금융채(AA-이상)액티브	0.00	KAP26-12금융채총수익지수(AA-이상)	649,183	0.09
TIGE 27-04회사채(A+이상)액티브	3.81	KIS회사채2704만기형지수(총수익 지수)	503,611	0.10

단위 : 백만 원

2025. 11. 14. 기준, KRX
*상장한 지 1년이 되지 않은 ETF는 수익률 '0'으로 표시

중기채권 ETF 순자산 TOP 10

종목명	수익률 (최근 1년)	기초지수	순자산총액	총보수(%)
KODEX종합채권(AA-이상)액티브	1.45	KAP한국종합채권지수	3,439,200	0.05
RISE종합채권(A-이상)액티브	1.55	KIS종합채권지수(A-이상, 총수익)	1,639,760	0.01
TIGER종합채권(AA-이상)액티브	1.41	KIS종합채권지수A(A-이상, 총수익)	1,031,081	0.03
SOL종합채권(AA-이상)액티브	1.44	KAP K-종합채권지수(AA-이상, 총수익)	986,063	0.04
ACE종합채권(AA-이상)액티브	1.61	KIS종합채권지수(AA-이상, 총수익)	849,599	0.02
TIGER우량회사채액티브	2.19	KIS투자등급회사채지수(총수익)	804,850	0.10
KIWOOM종합채권(AA-이상)액티브	-1.72	KIS종합 채권지수(AA-이상, 총수익지수)	484,449	0.03
KODEX미국종합채권ESG액티브(H)	0.65	Bloomberg MSCI US Aggregate 2bn ex Securitized SRI Capped Index(Total Return)	451,886	0.18
KODEX국고채3년	2.14	MKF국고채지수(총수익)	411,586	0.15
PLUS종합채권(AA-이상)액티브	1.61	KAP종합채권지수(AA-이상, 총수익)	389,683	0.05

단위 : 백만 원

2025. 11. 14. 기준, KRX

장기채권 ETF 순자산 TOP 10				
종목명	수익률 (최근 1년)	기초지수	순자산총액	총보수(%)
ACE미국30년국채액티브(H)	-2.61	Bloomberg U.S Treasury 20 + Year Total Return Index	2,250,151	0.05
TIGER미국30년국채 커버드콜액티브(H)	-10.42	KEDI미국채30년위클리커버드콜30지수 (Total Return)	1,312,056	0.39
KODEX미국30년국채타겟 커버드콜(합성H)	-11.09	Bloomberg U.S.Treasury 20+ Year(TLT)+ 12% Premium Covered Call index(TR)	898,023	0.25
TIGER미국30년국채스트립 액티브(합성H)	-4.49	ICE BofA Long US Treasury Principal STRIPS Index	834,399	0.15
KODEX미국30년국채액티브(H)	-3.14	KEDI-KAP미국국채20+지수(TR)	700,232	0.02
KODEX국고채10년액티브	0.08	KAP국고채10년지수(TR)	639,182	0.02
KIWOOM국고채10년	-2.84	KIS10년국고채지수(총수익)	621,879	0.05
KODEX국고채30년액티브	-3.54	KAP국고채30년총수익지수	555,732	0.05
RISE KIS국고채30년Enhanced	-8.76	KIS국고채30년Enhanced지수(시장가격)	546,812	0.05
ACE국고채10년	-2.92	KIS10년국고채지수(총수익)	523,253	0.02

단위 : 백만 원   2025. 11. 14. 기준, KRX

　　장기채권 ETF 같은 경우는 국내가 아닌 미국30년국채 ETF가 많이 상장되어 있고, 순자산 또한 높다. 장기채권이라고 하면 보통 10년 정도로 생각하고 있었지만, 듀레이션이 상당히 높은 약간 투기적인 상품인 미국30년국채 ETF에 많은 자금이 몰리게 되었다. 하지만 최근 1년 수익률을 보면 플러스 수익률을 기록한 것이 없는 것을 볼 수 있다.

　　채권이 주식보다 쉽다고 생각하는 것은 위험한 생각이다. 채권의 듀레이션이라는 개념은 주식의 레버리지라고 볼 수 있다. 듀레이션이 긴 장기채권 ETF에 투자할 경우는 주의가 요구된다.

Editor's Pick ETF*

단기 : SOL초단기채권액티브
중기 : KODEX국고채3년
장기 : KODEX국고채10년액티브

* Editor's Pick ETF는 Editor가 관련 기초지수, 수익률, 거래량, 순자산, 총보수, 장중 괴리율 등을 고려해
  독자적으로 선정한 ETF로서 특정한 기관의 대표 의견은 아니다.

8

초단기채권
ETF(파킹형)

파킹형 통장이라고 불리는 ETF는 단기적으로 자금을 운용할 때 유용하다. 대표적인 것은 CD 금리, KOFR 금리, 머니마켓 ETF다. CD(양도성예금증서) 금리는 3개월(91일) 만기 기준으로 은행 간 자금 거래 및 변동금리, 대출금리의 핵심 지표로 활용되는 단기 금리를 말한다.

제일 먼저 출시된 것은 미래자산운용에서 2020년에 상장한 TIGER CD금리투자KIS(합성) ETF이다. 당시에는 획기적인 상품이었다. 경쟁자인 삼성자산운용은 KODEX KOFR금리액티브를 만들었다.

KOFR금리액티브(합성) ETF는 한국의 무위험지표인 KOFR에 해당하는 금리를 추종하는 상품이다. KOFR는 Korea Overnight Financing Repo Rate의 약자로 국채·통안증권을 담보로 하는 익일물 RP 금리를 사용하여 산출한 무위험지표금리(RFR : Risk Free Reference Rate)이다.

그다음에 나온 ETF는 합성형이 아닌 실물형으로 KB자산운용에서 머니마켓펀드 ETF를 상장했다. MMF란 단기금융상품에 투자하는 펀드로 CD, CP(기업어음), RP(환매조건부채권) 등에 주로 투자한다.

1년 수익률을 봤을 경우에는 머니마켓 ETF가 CD 금리 및 KOFR 금리보다 수익률이 조금 좋다. 이러한 파킹형 ETF들은 매일매일 조금씩 올라가는 구조로 되어 있다. 간단히 CD 금리 ETF 수익률을 설명하면 오늘 매수하게 되면 내일은 고시된 CD 금리의 1/365의 수익률이 발생한다. 이론적으로 CD 금리가 마이너스 금리가 되지 않는 한 손실의 위험은 없는 구조이다. 이러한 안정성 있는 수익률로 파킹형 통장으로 불리게 되었다.

그러나 주의해야 할 것은 빈번한 매매를 하게 되면 오히려 손실이 발생할 수도 있다. 예를 들어, 1년 3%의 수익이 난다고 가정하면 1개월에 약 0.25%가 수익이 나는 것으로 볼 수 있는데, 만약 ETF 거래 시 증권수수료가 0.1%라고 한다면 사고파는 과정에서 0.2%의 수수료가 나오므로 1개월은 계속 가지고 있어야 이익이 나는 구조다. 만약 증권수수료가 거의 없는 증권사를 이용한다면 하루만 지나도 수익이 날 수 있다. 특히 퇴직연금 계좌에서는 증권수수료가 없기 때문에 시장이 횡보하거나 빠질 것이라고 생각한다면 잠시 투자를 쉬어 간다고 생각하고 투자하기 좋다.

CD 금리 ETF					
종목명	수익률 (최근 1년)	기초지수	순자산총액	총보수(%)	
KODEX CD금리액티브(합성)	1.94	KAP양도성예금증서(CD)금리지수(총수익)	8,723,580	0.02	
TIGER CD금리투자KIS(합성)	2.75	KIS CD Index(총수익)	5,104,928	0.03	
RISE CD금리액티브(합성)	2.78	FnGuide CD금리투자지수(총수익)	1,334,172	0.02	
TIGER CD금리플러스액티브 (합성)	0.00	KIS CD+CPI연동금리월분배지수	392,471	0.01	
1Q CD금리액티브(합성)	2.06	KIS하나CD금리총수익지수	188,873	0.02	
KIWOOM CD금리액티브 (합성)	2.75	FnGuide CD91일 금리투자지수(총수익)	181,212	0.03	
SOL CD금리&머니마켓액티브	0.00	KAP CD&단기자금시장지수(PR)	100,312	0.05	

단위 : 백만 원

2025. 11. 14. 기준, KRX
*상장한 지 1년이 되지 않은 ETF는 수익률 '0'으로 표시

KOFR 금리 ETF				
종목명	수익률 (최근 1년)	기초지수	순자산총액	총보수(%)
KODEX KOFR금리액티브(합성)	1.96	KOFR 지수	4,350,986	0.05
TIGER KOFR금리액티브(합성)	2.81	KOFR 지수	2,486,524	0.03
RISE KOFR금리액티브(합성)	2.81	KOFR 지수	621,505	0.02
PLUS KOFR금리	2.70	KOFR 지수	26,231	0.05
HANARO KOFR금리액티브(합성)	2.82	KOFR 지수	12,006	0.05

단위 : 백만 원

2025. 11. 14. 기준, KRX

머니마켓 ETF				
종목명	수익률 (최근 1년)	기초지수	순자산총액	총보수(%)
KODEX머니마켓액티브	3.12	KAP MMF지수(TR)	8,665,393	0.05
TIGER머니마켓액티브	0.00	KIS-미래에셋MMF지수	2,996,355	0.04
RISE머니마켓액티브	3.15	KIS시가평가MMF지수(총수익)	2,879,532	0.05
1Q머니마켓액티브	2.25	KIS-하나MMF지수(총수익)	766,710	0.05
ACE머니마켓액티브	3.05	MK-KAP머니마켓총수익지수	636,204	0.05
KODEX미국머니마켓액티브	0.00	KAP미국머니마켓지수	502,257	0.05
PLUS머니마켓액티브	3.15	KAP시가평가MMF지수(총수익)	347,193	0.05
KIWOOM머니마켓액티브	2.98	KIS-키움MMF지수(총수익)	293,958	0.05
PLUS국공채머니마켓액티브	3.08	KAP국공채MMF지수(총수익)	125,596	0.05
SOL CD금리&머니마켓액티브	0.00	KAP CD&단기자금시장지수(PR)	100,312	0.05
WON국공채머니마켓액티브	3.00	KAP국공채머니마켓총수익지수	58,013	0.07
HK머니마켓액티브	0.00	KAP머니마켓지수(총수익)	51,986	0.05
HANARO머니마켓액티브	3.11	KIS-NH Amundi MMF지수	50,131	0.04
SOL머니마켓액티브	2.77	KAP시가MMF지수(TR)	9,487	0.05

단위 : 백만 원

2025. 11. 14. 기준, KRX
*상장한 지 1년이 되지 않은 ETF는 수익률 '0'으로 표시

Editor's Pick ETF*

RISE머니마켓액티브

* Editor's Pick ETF는 Editor가 관련 기초지수, 수익률, 거래량, 순자산, 총보수, 장중 괴리율 등을 고려해
  독자적으로 선정한 ETF로서 특정한 기관의 대표 의견은 아니다.

9

리츠
ETF

리츠 ETF는 부동산투자회사인 리츠(Real Eatate Investment Trust)에 투자하는 ETF이다. 리츠는 부동산 자산에서 발생하는 임대료, 매각차익 등을 투자자에게 배당 형태로 분배하는 부동산투자회사로 주식 시장에 상장되어 있다. 주로 분배금을 받기 위해 투자하는 상품이다. 분배율이 가장 큰 ETF는 KODEX 한국부동산리츠인프라이며 분배율이 9.72%나 된다. 일본, 싱가포르, 미국까지 리츠 ETF가 다양하게 상장되어 있다.

국내 리츠 ETF

종목명	기초지수	순자산총액	분배율 (연, %)
KODEX한국부동산리츠인프라	KRX부동산리츠인프라지수	536,727	9.72
TIGER리츠부동산인프라	FnGuide리츠부동산인프라	913,151	7.68
PLUS K리츠	FnGuide리츠지수	9,608	7.38
TIGER리츠부동산인프라채권	KIS리츠부동산인프라채권지수	17,807	5.15
TIGER리츠부동산인프라TOP10액티브	KEDI리츠부동산인프라TOP10지수	101,635	1.59
TIGER리츠부동산인프라10채권혼합액티브	KEDI리츠부동산인프라TOP10채권혼합지수	15,106	0.82

단위 : 백만 원

2025. 11. 14. 기준, KRX

해외 리츠 ETF

종목명	기초지수	순자산총액	분배율 (연, %)
KODEX일본부동산리츠(H)	TSE부동산지수	40,665	6.02
ACE싱가포르리츠	Morningstar Singapore REIT Yield Focus Index	7,249	4.65
KODEX미국부동산리츠(H)	Dow Jones U.S. Real Estate Index	33,044	3.97
ACE미국부동산리츠(합성 H)	DowJones US Real Estate Index	9,592	3.79
TIGER미국MSCI리츠(합성 H)	MSCI US REIT Index	149,744	3.59

단위 : 백만 원

2025. 11. 14. 기준, KRX

Editor's Pick ETF*

국내 : KODEX한국부동산리츠인프라

해외 : ACE싱가포르리츠

* Editor's Pick ETF는 Editor가 관련 기초지수, 수익률, 거래량, 순자산, 총보수, 장중 괴리율 등을 고려해 독자적으로 선정한 ETF로서 특정한 기관의 대표 의견은 아니다.

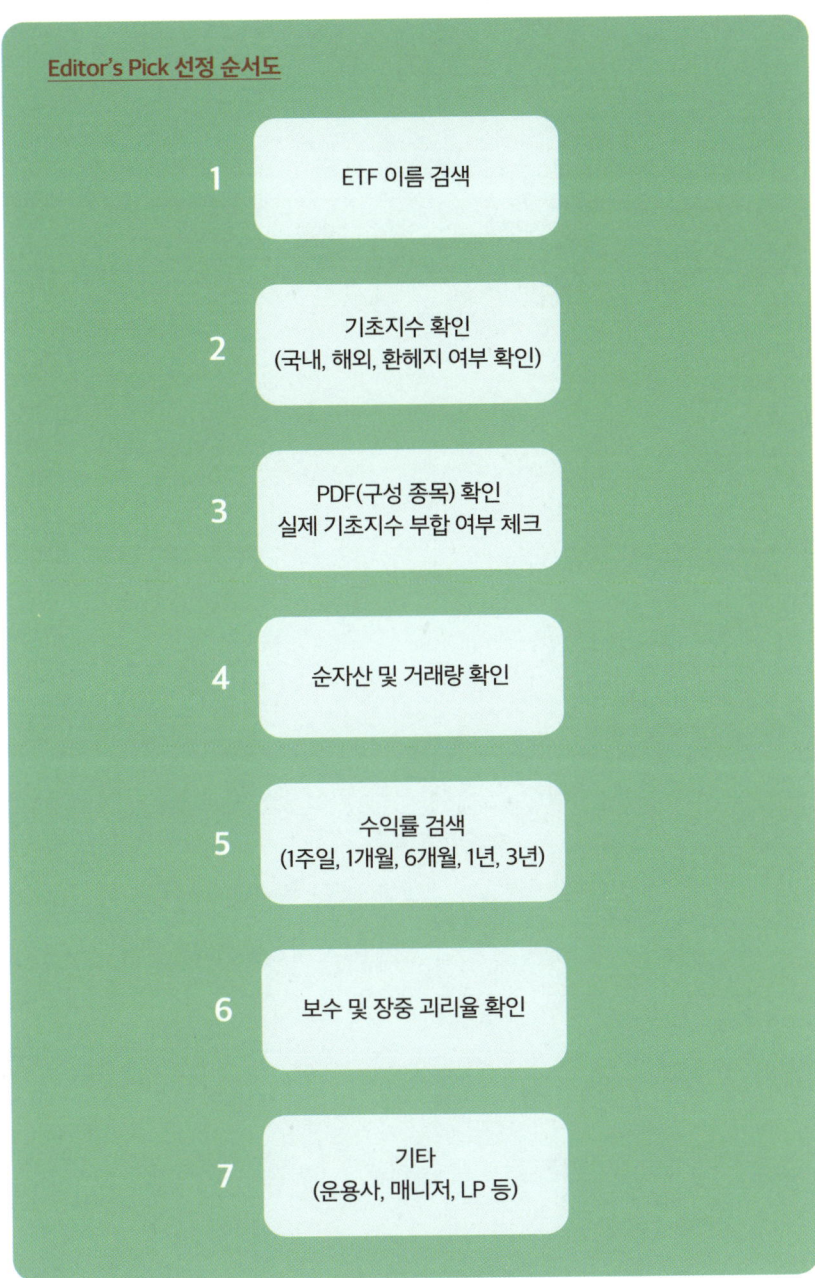

Editor's Pick 선정 순서도

1 — ETF 이름 검색

2 — 기초지수 확인
(국내, 해외, 환헤지 여부 확인)

3 — PDF(구성 종목) 확인
실제 기초지수 부합 여부 체크

4 — 순자산 및 거래량 확인

5 — 수익률 검색
(1주일, 1개월, 6개월, 1년, 3년)

6 — 보수 및 장중 괴리율 확인

7 — 기타
(운용사, 매니저, LP 등)

제4장

ETF로
수익을 만드는
투자 전략

1
적립식 투자 전략

2018년경 아직 ETF 시장이 잘 알려지지 않은 시절에 대구에서 ETF 설명회가 열렸다. 그때 나는 말했다.

"앞으로 ETF 시장이 100조 원을 넘어설 것입니다. 지금은 비록 40조 원 시장이지만 충분히 크게 성장할 것입니다."

물론 나도 이렇게 빨리 성장할 것이라고는 예측하지 못했다. 2023년에 120조 원을 달성했고, 2025년 10월말 기준으로 276조 원 시장으로 성장했다.

코스피 대비 ETF 자산 비중은 2012년에는 1.3%였다. 코스피는 이제 8.2% 수준까지 올라왔다(코스피 시가총액 약 3,380조 원). 더욱 놀라운 것은 거래대금인데 코스피 대비 ETF 일평균 거래대금이 2012년 11%에서 51%까지 올라갔다. 즉 주식 거래를 하는 사람 둘 중 한 명은 ETF 거래를 한다는 것이다.

은행 PB 100여 명이 모였다. 다들 ETF에 대해서는 전혀 듣지 못했던 것 같았다. 당시 ELS, ELB 등 E로 시작하는 상품이 무척 많았다. 특히 ELS는 은행에서는 효자 상품이었다. ETF는 ELS보다 더 쉬운 개념이었지만 쉽게 받아들여지지 않는 것 같았다. 그래서 ETF 투자 방법 중에서 가장 추천할 만한 적립식 투자 방법에 대해 강의를 했다.

"우리나라는 투자하는 방법이 틀렸습니다. 뭐가 틀렸냐고요? 바로 항상 주식 투자는 돈을 모아서 해야 한다고 생각하는 것입니다. 은행에 매달 적금을 넣어서 큰돈이 되면 주식 투자를 하려고 증권사로 가져오는 것입니다. 반대로 해외에서는 오히려 증권사에서 조금씩 적립식 투자를 하다가 목돈이 되면 은행에 예치를 한다고 합니다. 이해가 잘 안 되실 수 있습니다. 뒤에 다시 설명드리겠습니다. 제가 증권사 지점에 있을 때인데요. 주식을 투자하는 분들이 어느 정도의 돈을 가지고 시작하시는지 알고 계십니까?"

"1,000만 원요."

비교적 젊은 분이 말씀하셨다. 대답이 끝나기도 전에 다른 분이 손을 들었다.

"1억 원이요."

연세가 좀 있는 분이었다.

"맞습니다. 대부분 적어도 500~1,000만 원 정도는 가지고 투자하려고 하십니다. 그리고 이분들의 기대수익률을 어느 정도로 생각하는지 아시는지요?"

"100%요."

젊은 남자분이 자신 있게 말했다.

"200%."

"300%."

여기저기서 원하는 만큼 숫자를 올려서 대답하셨다.

"아닙니다. 1,000%라고 합니다. 이건 제 이야기가 아니고 실제로 뉴스에 나온 숫자입니다. 적어도 10배를 생각하고 투자하신다고 합니다. 그런데 저는 여기서 이 투자 방법이 잘못되었다고 말씀드립니다. 적립식으로 소량으로 시작해서 투자금이 쌓이면 오히려 그 수익 난 투자금 전체를 은행 예금에 넣는 방법으로 투자하셔야 합니다."

많은 분이 정말 가능할까라고 생각하는 듯한 표정을 지으셨다.

"지금 100만 원씩 은행 예금에 천천히 계속 넣다가 그 돈이 몇 년 지나서 1,000만 원, 2,000만 원 쌓여서 주식 시장에 투자하는 것이 아닙니다. 주식 시장에 100만 원씩 꾸준히 넣는다고 수익이 쌓여서 1,000만 원, 2,000만 원이 되면 그 돈을 빼서 은행에 입금하는 방식으로 투자하셔야 합니다."

"예를 들어, 100만 원씩 은행에 적금을 들었다고 가정하면요. 100만 원씩 1년 넣으면 1,200만 원이죠. 지금 이자가 2% 수준이니까 100만 원씩 넣었다고 해도 1,200만 원에서 이자 조금 붙겠지요. 근데 만약에 100만 원씩 ETF에 투자했다고 하면 그 돈이 훨씬 더 많이 늘어나는 것을 볼 수 있습니다. 1년이 아니라 더 장기적으로 한다면 더 많은 수익을 얻을 수 있을 것입니다."

"그러면 ETF보다 그냥 우량 주식으로 하는 게 좋지 않나요?"

주식을 꽤 오랫동안 투자하는 것으로 보이는 분이 말씀하셨다.

"여기서 ETF로 꼭 해야 한다고 말씀드리는 것은 미래에 엄청나게 수익을 낼 수 있는 종목을 고르기가 어렵다는 것입니다. 내가 주식 선택을 잘할 능력이 된다면 주식으로 투자하는 것이 좋을 수 있지만, 만약 주식을 잘못 고른다면 장기적으로 투자해 놓고 상장폐지돼 버릴 수도 있기 때문입니다. 장기적으로 ETF 대표지수에 투자하는 것이 훨씬 더 좋은 선택임을 알 수 있습니다."

"ETF 대표지수에 투자하면 시장이 하락할 때는 손해가 나지만 저가에서 더 많은 수량으로 살 수 있기 때문에 장기적으로 보면 평균단가가 내려오면서 장기적으로 보면 수익을 내서 매도할 수 있습니다. 그렇다면 도대체 얼마 정도 이익이 나면 팔아서 은행예금에 넣어야 하냐고 물어보실 수 있습니다."

"3%? 5%? 10%? 그건 개인마다 본인이 원하는 수익률에 청산하면 됩니다. 만약 10%라는 룰을 정하면 반드시 그때 청산하고 다시 투자하는 것을 추천드립니다. 장기적으로 투자할 거라면 청산 없이 꾸준히 투자해도 좋습니다. 특히 당장에 큰돈이 필요하지 않는 분들은 젊을수록 적금보다는 적립식 투자를 추천드립니다. 특히 20대, 30대 사회 생활 초창기인 분들은 월급의 50%씩 과감하게 ETF에 적립식 투자를 시작하십시오. 그리고 대표지수로 하는 것을 추천드립니다. 절대 레버리지 상품을 적립식으로 해서는 안 된다는 것을 명심해 주십시오."

(제5장. ETF 투자에서 반드시 피해야 할 것들 참조)

이렇게 강의를 했는데, 2018년부터 강의를 듣고 꾸준히 적립식으로 투자한 분이 있다면 지금쯤 많은 수익을 냈을 것이다. 실질적으로 적립식 상품으로 수익을 낸 사례가 있다.

나는 그동안 증권사에서 일하면서 어떠한 종목도 친구들에게 추천해 주지 않았다. 만약 추천했다가 수익률이 하락하게 되면 우정이 깨질까 두려웠기 때문이다. 하지만 적립식으로 중국 펀드에 투자하는 상품이 나온 적이 있다. 실적 때문에 친구에게 10만 원씩만 투자해 달라고 처음으로 부탁했다. 증권사에는 이렇게 판매 프로모션이 걸리는 경우가 많다.

적립식으로 투자한다면 반드시 괜찮을 것이라는 확신이 생겨서 친구들에게도 권유했다. 물론 나도 투자했다. 나는 10만 원씩 투자했는데, 몇 번 넣지도 않았다고 생각했는데 10%가 넘는 수익률이 생겨서 바로 환매해 버렸다. 약 1년 정도 지난 때였다. 이 정도면 훌륭한 수익률이라고 생각했다.

하지만 친구는 내 권유로 넣고 찾는 것을 잊어버린 모양이었다. 친구가 결혼할 때 돈이 필요해서야 기억이 나서 얼마가 되었는지 나에게 물어보았다. 계좌를 확인해 보니 놀라웠다. 300만 원가량 투자했는데 나중에 환매하고 900만 원을 찾아갔다. 300만 원을 3년 넘게 투자한 것이 이렇게까지 수익이 나다니, 10%만 투자하고 환매했던 내가 한심하게 느껴졌다. 사실 증권가에는 누군가가 도와 달라고 부탁할 때 투자하는 착한 투자가 역사적으로 가장 수익이 많이 난다는 이야기가 있다.

투자가 위험하게 느껴진다면 바로 적립식 투자부터 시작하자. 최근에는 증권사에 매일 조금씩 나누어서 투자하는 자동 시스템도 많이 나와 있으니 되도록이면 대표지수 ETF 투자로 바로 시작할 것을 권하고 싶다. 특히 초등학생이라면 적립식으로 대표지수인 코스피200 또는 S&P500 지수에 투자하는 ETF를 10년 이상 투자할 것을 강력하게 추천드린다.

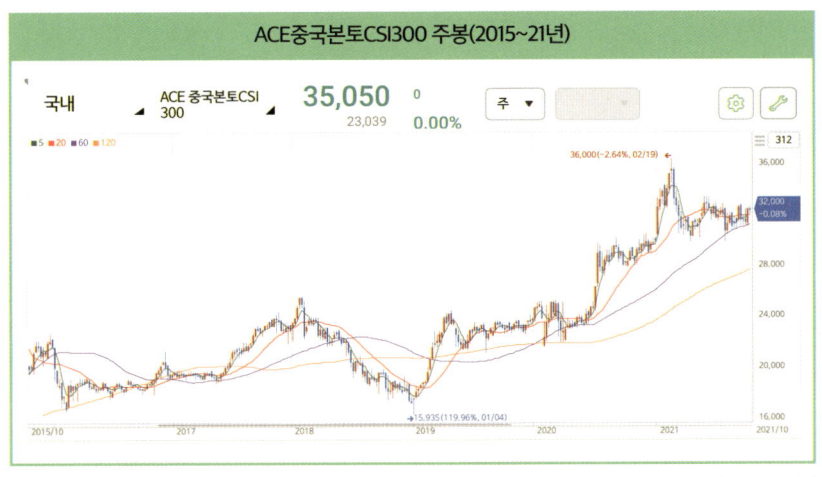

ACE중국본토CSI300 주봉(2015~21년)

2025. 11. 11. 기준, Namuh증권

ETF 적립식 투자는 가장 효과적이고 유용한 전략이다. 그런데 매달 혹은 매주 정기적으로 적립하다가 언제 리밸런싱해야 하는지 궁금해하는 분들이 있다. 지금부터 리밸런싱 전략에 대해 알아보자.

주기별 리밸런싱

주기별 리밸런싱은 주기가 되면 자연스럽게 주식 70%, 채권 30%의 포트폴리오로 적립했다면 1년, 분기, 반기에 1번씩 리밸런싱을 하는 것이다. 만약 주식이 70%의 비중을 넘어서 80%의 비중으로 되어 있다면 주식을 10%로 줄이고 채권을 늘리는 식으로 리밸런싱을 진행한다. 주기는 보통 1년을 많이 사용한다. 리밸런싱 주기가 잦을수록 매매 비용과 세금이 발생할 수 있기 때문이다.

참고로 테마형 ETF 같은 경우는 포트폴리오를 분기 리밸런싱으로 많이 진행한다. 1년에 1번이 편할 수 있으나, 분기에 1번 정도로 하는 것을 추천한다.

밴드 리밸런싱

적립식을 진행할 때 주식 70%, 채권 30%의 비중으로 설정했다고 가정하고, 포지션 비중 변화를 ±5%, ±8%, ±10% 밴드로 정한 다음, 그 밴드를 넘어가면 리밸런싱을 진행하는 것이다. 이렇게 하면 효율적인 매매가 가능하다. 하지만 주기적으로 계속 포지션을 체크해야 한다는 것과, 변동성이 클 경우 자주 매매하게 됨으로써 매매에 따른 비용이 발생하는 단점이 있다.

목표 비중 맞추기 리밸런싱

적립하는 날에 목표 비중대로 계산해서 넣는 것을 말한다. 예를 들어, 주식 70%, 채권 30%의 비중으로 매달 적립을 하는데 주식 시장이 상승하여 80%가 되고 채권이 20%가 되었다면 채권 쪽에 더 넣어서 다시 70:30으로 비중을 맞추는 것이다. 증권사별로 자동주문 설정 기능도 있으니 이용하면 편리하다.

변동성 리밸런싱

처음에는 주식 80 : 채권 20의 비중으로 적립을 진행하다가 변동성 지수(VIX : Volatility Index)가 15 < VIX < 25에서는 주식 60%, 채권 40%로 바꾸고, 변동성 지수가 25 이상일 때는 주식 40%, 채권 60%로 방어적 리밸런싱을 강화하는 것을 말한다. 미국의 변동성 지수에는 VIX가 있고, 국내 시장 변동성 지수는 코스피200변동성지수로 거래소 홈페이지 정보데이터 시스템에 들어가면 볼 수 있다.

실질적으로 가장 유용하면서 많이 적용되는 방법은 주기별 리밸런싱이다.

이익을
실현하는 방법

"도대체 언제 이익을 실현해야 하나요?"

이런 질문을 굉장히 많이 받는다. 코스피 지수가 4,000포인트가 넘어가면서 주식이나 ETF 또는 펀드, 그리고 코인까지 여러 개의 투자처에 투자하면서 어느 정도 이익을 내고 있는 사람들이 있다. 그런데 언제 팔아야 하는지, 마치 내가 팔면 더 올라 갈 것 같은 생각에 섣부르게 매도하지 못한다. 그러다가 고점에서 다시 하락하게 되면 '고점에서 팔았어야 했는데…' 하며 후회를 한다. 결국 이러지도 저러지도 못하면서 계좌 잔고만 하염없이 보게 된다.

나는 옵션 시장에서 많은 매매를 했다. 옵션 시장은 이런저런 생각할 시간조차 주지 않는다. 만기가 되면 행사 가격에 도달하지 못하는 옵션들은 가격이 0원이 되고 만다. 시간 가치라는 개념이 들어가 있기 때문이다.

예를 들어, 9·11 테러 사건이 저녁에 발생하고 그다음 날 우리나라 시장이 열렸다. 시장은 폭락으로 시작했다. 외가격 풋옵션(시장 하락할 때 이익)을 1만 원에 샀다가 1,000원으로 전일 마감했던 풋옵션이 9·11 테러가 아니면 0원이 되는 상황이었는데, 시장이 오픈하자마자 12,000원에 거래가 되었다. 전일 종가에 비하면 12배가 오른 상황이었다.

정신없이 매도하고자 매도 주문을 하려던 차에 다시 7,000원으로 하락했다. 몇 초 전에 12,000원을 봤기 때문에 차마 매도할 수가 없었다. 이것이 바로 '고점 각인 효과'이다. 고점을 한 번 보고 나면 다시 올라갈 것 같기 때문에 차마 매도할 수가 없다. 고점이었을 때의 계좌잔고를 잊을 수가 없기 때문이다.

결국 시장이 다시 하락하면서 12,000원에 도달했을 때 과감하게 매도했다. 스스로 잘했다고 생각했다. 그러나 오후장에 더 하락하면서 종가 45,000원에 끝났다. 오래전이라 정확하지는 않지만 그 정도 수준으로 기억한다.

스스로 전일 종가 대비 12배에서 팔았으면 잘한 것이라 칭찬했지만 종가 가격이 머릿속에서 한동안 잊히지 않았다. "12,000원이 팔 때가 아니고 살 때였네."하면서 말이다. 바로 이런 투자 경험을 하고 나면 좀처럼 이익 실현을 하지 못한다. 팔고 나면 더 오르지 않을까 하면서 말이다.

이런 경우도 있다. 지점에서 2억 원을 가지고 콜옵션을 투자하러 온 분이 있었다. 시장이 지속적으로 하락하던 날이었는데 용기 있게 외가격 콜옵션을 매수하자고 하였다. 그 당시 2억 원이면 서울 외곽에 집을 살 수 있는 정도 수준이었다. 콜옵션을 매수하자마자 기가 막히게 시장이 반등하면서 계좌가 4억 원이 되었다.

절반만 매도하여 이익을 취하고 절반만 가지고 가자고 조언했지만 투자자는 내일이면 10억 원이 될 것이라고 장담하며 매도하지 않고 장을 마감하였다. 그런데 그다음 날 계좌는 시장이 하락하면서 3억 원이 되고 말았다. 어제 4억 원의 잔고를 봤기 때문에 1억 원이 빠진 3억 원도 분명히 50% 이익이 난 상황이었지만 매도하지 못했다. 시장은 계속 하락하면서 3억 원이 2억 원, 1억 원으로 점점 밀려나기 시작했다. 그러나 다시 올라갈 것 같다는 희망에 1억 원에는 절대 팔 수 없었다.

옵션 시장의 하루는 주식 시장의 몇 년에 해당한다. 그만큼 변동성이 크기 때문에 빨리 결정을 해야 한다. 그렇지만 4억 원이라는 잔고 고점이 머릿속에 남아 있기 때문에 팔지 못했다. 결국 종가는 5,000만 원까지 하락했고, 그 다음날에는 계좌가 0원이 되었다. 고점 각인 효과가 심리적으로 매도하지 못하게 한 것이다.

투자는 심리전이다. 심리전에서 이기지 못하면 절대로 수익을 밖으로 가지고 나오지 못한다. 여러 번 실패의 경험을 쌓고 여기저기서 조언을 들으면서 터득한 방법이 있다.

1. 수익이 난 계좌 잔고를 봤을 때 심장이 빠르게 뛸 정도로 기쁘다면 매도한다.
2. 수익이 나서 가족 및 지인들에게 자랑을 했다면 반드시 매도한다.
3. 고점 수익에서 50%가 하락하면 무조건 매도한다.

보통 투자를 하고 계좌를 자주 들여다보는 사람들은 쉽게 돈을 벌지 못하는 스타일이다. 계속 후회만 하고 '이럴걸, 저럴걸' 하는 투자를 하게 된다. 계좌를 자주 보는 사람들은 그 기쁨에 만족해야 하는 사람이니 계좌 잔고를 확인하는 순간 기쁘다면 매도하는 것이 좋다. 빨간색에 심장이 빠르게 뛰었다면 욕심내지 말고 매도하는 것이다.

그리고 수익이 난 잔고를 매도하지 않고 지인들에게 자랑하는 사람만큼 바보가 없다. 너무나 기쁜 나머지 자랑까지 했다면 제발 현금화하고 나서 자랑하기를 추천한다.

그런데 많은 사람이 첫째, 둘째 원칙을 지키지 못한다. '조금만 더, 조금만 더' 하다가 원금이 손실 날 때까지 팔지 못하는 분을 많이 보았다. 셋째 원칙만 지킨다면 원금 손실의 위험은 없다. 예를 들어, 1,000만 원을 투자해서 2,000만 원이 되었다면 손익이 500만 원 이하로 줄어들면 무조건 매도하는 것이다. 그렇다면 적어도 계좌잔고 고점에 각인되어 있던 1,000만 원을 다 얻지는 못해도 500만 원은 남긴 투자가 되는 것이다.

이는 기술적 분석으로도 증명이 되는데 피보나치 수열을 이용한 피보나치 되돌림(Fibonacci Retracement) 수치를 보면 23.6%, 38.2%, 50%, 61.8%, 78.6% 등이 자주 사용된다. 즉 코스피 지수가 2,500포인트에서 시작해서 고점이 4,200포인트였다고 가정하면 1,700포인트가 고점과 저점의 차이이고, 고점에서부터 23.6%인 3,713포인트가 되돌림되면 반등할 수 있다는 것이다.

여기서 지지가 안 되면 38.2%인 3,550포인트가 되돌림될 수 있는데 계산하기가 굉장히 어렵다. 그러나 중간에 50%가 있는데 간단하게 1,700포인트의 절반인 850포인트 되돌림 수준이라면 3,350포인트가 된다. 만약 2,500포인트에 코스피200을 추종하는 ETF를 매수하고 있다면 적어도 코스피가 3,350포인트가 된다면 무조건 이익 실현을 하고 나와야 한다는 말이다. 상승했던 크기의 50% 밑으로 하락한다면 상승 추진력을 잃게 되는 경우가 많기 때문이다.

어렵게 이야기했지만 내가 만족한 고점에서 절반이 빠지면 반드시 매도하자. 그렇게 한다면 이익금을 계속 쌓아 갈 수 있을 것이다. '무릎에서 사서 어깨에 판다.'는 주식 격언이 있다. 사실 무릎에서 매수하기는 쉽다. 욕심 때문에 어깨에서 팔기 힘든 것이다. 욕심을 버리고 이익을 나눠 갖는다는 너그러운 생각으로 이익이 조금 덜 나더라도 이익은 원칙을 정하고 반드시 실현해야 한다.

2
테마 ETF를 활용한
종목 대체 투자 전략

예전에는 주식 전광판에서 시장 흐름을 파악했다. 어느 섹터에 빨간색이 들어오느냐에 따라 시장 흐름을 한눈에 알 수 있었다.

"어~어~증권주 간다~!"

머리가 반쯤 벗겨진 아저씨가 크게 소리쳤다. 아저씨의 소리가 끝나기가 무섭게 여기저기서 증권주를 매수하는 소리로 분주하다.

"증권주 사 줘. 지금 당장!"

"어떤 증권주를 살까요? 현대증권, 대우증권, 대신증권?"

"그냥 아무 증권주나 사 줘!"

마음이 너무 급한 탓에 아무 증권주라도 사라는 것이다.

"그럼 대신증권 매수하도록 하겠습니다."

"오, 저거 봐. 증권주 상한가다 상한가~!"

여기저기서 모두가 외쳤다. 당시 상한가는 15%였다. 한 섹터에서 한 종목이 상한가를 치면 다른 종목들도 우르르 상한가에 몰려들곤 했다. 다들 증권주가 상한가 갈 때가 시장의 꼭지라고 이야기를 나누곤 했다. 경험에서 나오는 것이라고 하면서 증권주가 상한가라는 것은 시장이 좋아져 거래가 많아지면서 결국 마지막 수혜를 증권주가 받는 것이라는 논리였다. 실질적으로 몇 번 맞아 떨어진 기억이 있다.

요즘에는 HTS 또는 MTS에서 주식 시장 검색을 한다. 지금은 특별히 다른 곳을 볼 필요 없이, ETF 전체 시세를 조회한 다음 수익률 상위로 정렬하면 지금 어느 섹터와 테마들이 시장을 이끄는지 볼 수 있다. 2025년 8월에 2차전지 테마가 상승할 때를 한 번 살펴보자.

ETF 상위 20종목		
순위	종목명	등락률(%)
1	RISE글로벌수소경제	4.22
2	BNK2차전지양극재	4.21
3	ACE베트남VN30(합성)	2.94
4	1Q미국메디컬AI	2.86
5	PLUS미국로보택시	2.82
6	TIGER미국캐시카우100	2.64
7	SOL한국형글로벌전기차&2차전지액티브	2.60
8	KODEX2차전지산업레버리지	2.54
9	ACE중국과창판STAR50	2.45
10	ACE KPOP포커스	2.37
11	TIGER유로스탁스레버리지(합성H)	2.32

ETF 상위 20종목		
순위	종목명	등락률(%)
12	KODEX미국S&P바이오(합성)	2.28
13	RISE2차전지액티브	2.26
14	KODEX2차전지핵심소재10	2.23
15	KODEX글로벌비만치료제TOP2 Plus	2.23
16	TIGER차이나바이오테크SOLACTIVE	2.16
17	TIGER차이나과창판STAR50(합성)	2.15
18	KIWOOM미국블록버스터바이오테크의약품+	2.13
19	KODEX미국클린에너지나스닥	2.12
20	TIGER글로벌클라우드컴퓨팅INDXX	2.12

2025. 8. 14. 기준, KRX

장이 열리기 시작하면서부터 강하게 2차전지 관련 ETF들이 상위 랭크에 올라오기 시작한다. '아, 오늘은 2차전지가 다시 뜨는구나!'라는 느낌이 온다. 그때 2차전지 ETF를 클릭하면 구성 종목이 보이는데 어떤 종목들이 강세를 띠면서 2차전지 ETF가 올라오는지를 체크한다. 만약 2차전지 테마에 투자하려는데 어떤 종목들이 있는지 잘 알지 못하고, 어떤 종목을 사야 하는지 모른다면 우선 2차전지 ETF를 산다.

BNK 2차전지양극재의 당일 종가를 보니 4.21% 상승했다. 구성 종목 5위까지를 살펴보니 그중에서 가장 비중 있게 올라간 것은 엘앤에프 6.27%, 코스모신소재 6.81%, 에코프로비엠 1.17%였다.

BNK 2차전지 양극재 구성 종목 상위 5종목				
구성 종목명	주식수(계약수)	시가총액(원)	구성 비중(%)	당일 상승률(%)
엘앤에프	320	28,960,000	10.69	6.27
코스모신소재	471	24,021,000	8.87	6.81
에코프로비엠	173	24,012,400	8.86	1.17
LG화학	81	22,882,500	8.45	0.72
포스코퓨처엠	138	22,521,600	8.31	2.64

2025. 8. 14. 기준, KRX

이제 기존에 매수해 두었던 2차전지 ETF로 이익 실현을 하면서 앨엔에프 주식으로 조금씩 교체해 본다. 이것이 바로 ETF 투자를 하고 테마의 흐름을 찾고 그 핵심이 되는 종목에 투자하는 방법이다. 물론 앨엔에프를 사지 않고 코스모신소재나 에코프로비엠을 사거나, 아니면 3종목을 한꺼번에 사는 것도 방법일 수 있다.

테마형 ETF 매수 : 2차전지 ETF 매수

테마형 ETF 매도 및 주식 매수 : 2차전지 ETF 매도 + 엘앤에프, 코스모스신소재 등 매수

'뭐야, 난 종목들 전부 다 알기 때문에 이런 것은 필요 없어!'라고 생각하는 분들에게는 큰 효과를 누릴 수 없을지 모르지만, 테마는 알고 있지만 어떤 종목들이 올라가는지 잘 모르는 투자자도 많다.

최근 꾸준히 상승되었던 원자력 테마를 살펴보자. 원자력 ETF 같은

경우는 어떤 종목들이 있어서 올라가는지 모르는 경우가 많다. 구성 종목을 찾아보면 HD현대일렉트릭과 두산에너빌리티, 효성중공업 등이 핵심 종목이라는 것을 쉽게 파악할 수 있다. 가지고 있는 ETF를 매도하면서 구성 종목들로 교체한다는 방식인데 군이 그렇게 하지 않고 테마형 ETF의 구성 종목만 보고 주식을 바로 매수하는 것도 방법일 수 있다.

HANARO원자력iSelect 구성 종목		
종목명	수량(주)	비중(%)
한국전력	8,951	17.42
HD현대일렉트릭	540	17.14
두산에너빌리티	4,137	14.32
효성중공업	192	14.05
LS ELECTRIC	605	9.11
현대건설	2,905	8.78
한전기술	710	3.33
산일전기	469	2.92
한전KPS	854	2.25
비에이치아이	734	1.86

2025. 9. 26. 기준, KRX

결국 테마 ETF로서 테마의 주도주를 찾아 낼 수 있다는 것이다.

또 하나 예를 들어 보자. 2025년 9월 그동안 상승에서 제외되었던 화장품 관련 종목들이 올라오고 있었다. 글로벌하게 한국 화장품이 인기이고, 최근 미국 야구 선수들이 우리나라에 경기가 있어서 왔다가 선수

부인들이 단체로 뷰티 투어를 하고 많은 화장품을 구매하고 갔다. 그럼 화장품 관련 종목들에는 어떤 것들이 있을까?

너무 오랫동안 미국 주식 시장에만 투자하다 보니 최근 어떤 화장품 종목이 대장주인지 파악하기 어려울 수 있다. 이럴 때 테마형 ETF를 활용하는 것이다. 화장품 관련 ETF 2가지를 구성 종목을 살펴보자.

HANARO K-뷰티 구성 종목 / TIGER화장품 구성 종목			
HANARO K-뷰티		TIGER화장품	
구성 종목	비중(%)	구성 종목	비중(%)
에이피알	20.58	에이피알	14.96
아모레퍼시픽	13.83	아모레퍼시픽	10.26
파마리서치	13.63	파마리서치	9.99
LG생활건강	10.11	LG생활건강	9.71

2025. 9. 26. 기준, KRX

2가지 ETF 모두 에이피알이라는 종목이 가장 비중이 높은 것을 알 수 있다. 예전에 화장품 하면 생각나는 것은 LG생활건강, 아모레퍼시픽 정도였는데, 이제는 뷰티 업종에서 대장주가 되는 종목이 에이피알이다. 에이피알이 화장품 주도주라는 것을 알게 된 것도 2개의 ETF의 구성 종목을 파악하고 나서였다.

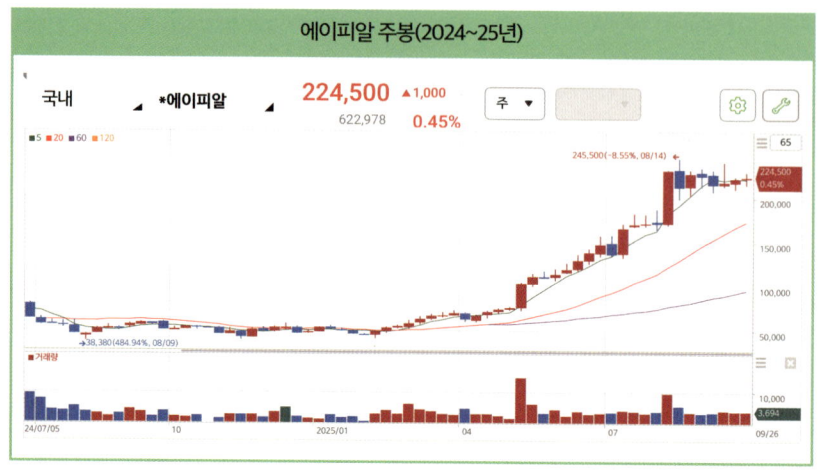

2025. 9. 26. 기준, Namuh증권

　에이피알 주봉(주간 단위 수익률을 봉으로 표시)을 보면 놀라울 정도이다. 2025
년 1월만 해도 4만 원 남짓하던 주식이 224,500원까지 급등했다. 뷰티
종목들이 올라가는 것은 알았지만 새로운 대장주가 이렇게 나왔다는
것은 주식 시장을 계속 연구하고 지켜보는 사람들이 아니고서는 쉽게
알 수가 없다.

　그러나 이제는 너무나 쉽게 ETF의 움직임을 체크하고 그 구성 종목을
살펴보면서 섹터 또는 테마의 전문가가 될 수 있다. K-뷰티 ETF가 바닥
을 찍고 상승하던 즈음에 만약 구성 종목을 살펴보았다면 에이피알 주
식을 따로 매수할 기회가 생겼을 것이다.

테마 ETF 구성 종목 분석 → 테마 대장주 개별 주식 매수

물론 ETF만 고집할 필요는 없다. ETF의 구성 종목을 보고 과감하게 개별 종목으로 대체하면서 투자하는 것도 고려해 볼 수 있다. ETF를 잘 파악하고 있다면 새로운 대장주를 발굴해 나가는 것은 내가 직접 하지 않아도 ETF가 알아서 알려 주기 때문이다.

왜 2종목 모두 에이피알이 가장 비중이 높은 것일까? 대부분 테마형 ETF들은 분기 또는 반기 리밸런싱이 일어난다. 액티브라고 뒤에 쓰여 있지 않은 ETF는 리밸런싱 말고는 종목을 교체하지 않는다. 즉 종목을 리밸런싱하던 그 시기에 3종목이 똑같이 10%로 투자했다고 하면, 종목이 계속해서 상승하는 종목은 비중이 15~16%로 올라갈 수 있고, 반대로 하락하는 종목은 7~8%로 떨어질 수 있다. 즉 한 종목이 계속해서 상승했다고 가정하면 비중이 제일 높게 유지될 수 있다는 것이다.

이제는 ETF를 보면 바로 구성 종목으로 해부해서 봐야 한다. 그러다 보면 저절로 테마형 주식 박사가 될 것이다.

3
방향성 투자와
헤지 전략

"투자를 제대로 하는 사람은 인버스 ETF를 투자할 줄 아는 사람이다."
는 말이 있다. 그것은 한쪽 방향만 보지 말라는 뜻이다. 주식 시장이든 채
권 시장이든 그 어떤 시장도 올라가기만 하지는 않는다.

"시간이 지나 보면 계속 올라왔네. 그냥 매수하고 오래 두면 되네."라
고 말하는 사람들도 있지만, 뒤돌아보면 긴 상승장이라고 하더라도 항
상 조정을 거치며 올라왔고, 반드시 올라가지만도 않는다. 때로는 깊은
조정으로 그동안 수익이 났던 모든 것을 잃어버리기도 한다.

오래된 증권사 광고 중에 기억에 남는 광고 카피가 있었다. 정장을 입
은 여러 명의 남녀가 모두 뒤를 바라보고 있는데 딱 한 명만 뒤돌아서
서 이야기한다.

"NO! 모두가 YES라고 이야기할 때 과감히 NO라고 외칠 수 있는 증

권사, OO증권!"

그 시절에는 모든 증권사가 리서치에는 BUY, Stong Buy만 나올 때였기 때문에 반대의 경우도 있다고 하는 광고 카피가 인상적이었다. 사실 이 광고가 나온 때에는 인버스 ETF가 우리나라에 상장되기 전이었기 때문에 시장이 하락한다고 생각한다면 결국 파생상품인 선물매도 포지션이나 옵션 시장에서 콜옵션매도, 풋옵션매수만이 가능했다. 지금도 마찬가지이지만 파생상품 시장에 개인투자자가 접근하기에는 제약이 따른다. 지금도 선물, 옵션을 투자하려면 교육을 받아야 하며, 증거금이 많이 필요하다.

인버스 ETF에 투자해 봤다면 '시장이 빠질 수도 있다.'라는 양 방향 생각을 해 봤다는 것이다. 투자에서는 유연한 사고가 필요하고, 그것을 가진 사람은 시장이 급락하는 시장에서도 빠르게 방어할 수가 있다.

ETF 세미나에서 인버스 ETF를 설명하는데 한 고객이 질문을 했다.

"시장이 빠질 것 같으면 그냥 주식을 매도하면 되지, 뭐 하러 인버스 ETF를 사는 것인가요?"

"여러분은 '존버'라는 단어를 들어 보셨을 것입니다. 주식을 사서 물리면 계속해서 버티자라는 뜻입니다. '너만 존버하니? 나도 존버한다. 우리는 동지야!' 시장이 빠졌을 때 서로 위로할 때 쓰는 말이죠. 주식 투자하는 분의 대부분은 주식을 매수할 줄만 알지 매도하는 것은 쉽게 하지 못합니다. 물론 이익이 날 때 매도하는 것은 쉽겠지만 매수했는데 손실이 나고 있다면 손절하지 못하고 오랫동안 가지고 있던 경험이 있을 것입니다. 그래서 존버라는 용어가 나왔겠죠. 그런 분들을 위해 시장이 하락할 때 본인의 포지션을 정리하지 못한다면 차라리 인버스를 매수해 보라는 것입니다."

"인버스를 매매하면서 수익이 난다면 하락 시에도 이익이 날 수 있다는 것을 느낄 수 있고, 주식 시장이 반드시 상승하지만은 않는다는 유연한 사고를 할 수 있습니다. 그러면 나중에는 과감히 손절매를 잘할 수 있는 투자자가 될 수 있습니다."

KODEX200
1억 원
+
KODEX 인버스
3,000만 원 매수
=
KODEX200
7,000만 원

인버스를 투자하는 방법은 위와 같다. 예를 들어, 코스피200을 추종하는 KODEX200을 1억 원 매수했다고 가정하자. 그런데 시장이 빠질 것 같다. 현재 손실이라 KODEX200을 매도할 수도 없다면 약 30%를 헤지하기로 계획하고, KODEX인버스를 3,000만 원 매수한다. 그렇다면 전체 포지션은 KODEX200을 7,000만 원 보유한 것과 비슷하다고 볼 수 있다. 시장이 더욱 더 하락할 것이라고 생각한다면 전체 100%를 인버스 ETF로 헤지할 수도 있고, 일부를 헤지할 수도 있다.

물론 인버스 레버리지도 사용할 수 있겠지만 가능하면 1배짜리로 사용하는 것을 추천한다. 2배 인버스로 투자하게 되면 복리 효과가 커서 급등락장이 반복될 경우는 헤지 효과를 누리지 못할 수도 있다.

ETF 종목별 거래대금 상위를 보면 꾸준히 인버스 ETF가 포함된다. 특히 KODEX200선물인버스2X ETF는 꾸준히 많이 거래된다. 주식 시장이 4,000포인트까지 상승하다 보니 인버스 ETF는 2020년 코로나19로 인

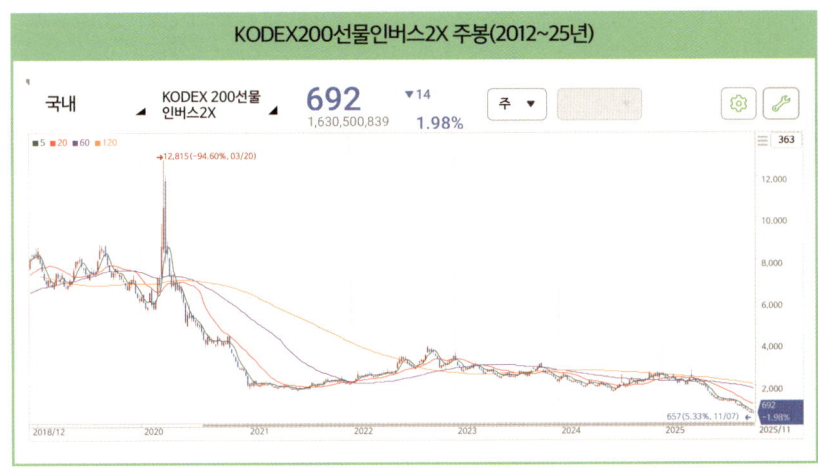

2025. 11. 10. 기준, Namuh증권

한 하락 시기에 12,000원 상승했지만 지금은 하락하여 692원이 되었다. 인버스 투자는 헤지 투자로서 최대한 단기간에 하는 것을 추천한다. 그리고 인버스2X ETF 투자는 급락이 예상될 때만 투자할 것을 권장한다.

일평균 거래대금 TOP 10					
단축코드	종목명	기초지수	2024년	2025년 9월	2025년 10월
A122630	KODEX레버리지	코스피200	3,370	5,446	10,304
A069500	KODEX200	코스피200	2,293	4,754	8,497
A252670	KODEX200선물인버스2X	코스피200선물지수	3,378	3,943	6,189
A459580	KODEX CD금리액티브 (합성)	KAP양도성예금증서(CD)금리지수 (총수익지수)	4,580	2,414	2,554
A411060	ACE KRX금현물	KRX금현물지수	52	667	2,185
A233740	KODEX코스닥150레버리지	코스닥150	2,247	1,582	2,027
A102110	TIGER200	코스피200	569	890	2,010

일평균 거래대금 TOP 10					
단축코드	종목명	기초지수	2024년	2025년 9월	2025년 10월
A114800	KODEX인버스	코스피200선물지수	909	1,021	1,955
A396500	TIGER반도체TOP10	FnGuide반도체TOP10지수	284	510	1,634
A091160	KODEX반도체	KRX반도체	190	567	1,613

단위 : 백만 원

2025. 10월말. 기준, KRX

국내 ETF에
3배 레버리지가 없는 이유

ETF 시장은 2002년에 시작되었지만, ETF가 활발하게 거래된 것은 2016년에 레버리지 ETF가 상장되고부터이다. 레버리지 ETF가 처음부터 잘된 것은 아니었다. 우리나라 시장에서는 투자자들이 워낙 리스크가 있는 거래를 좋아했기 때문에 레버리지 ETF가 활성화되기 전에는 선물옵션 파생시장에서 거래가 많았다.

그러나 2008년 전 세계 시장에 금융위기가 불어 닥치면서 옵션 투자로 손실을 본 경우가 너무 많았다. 기관투자자들뿐만 아니라 개인투자자들도 이때 많은 사람이 손실을 떠안아야 했다. 특히 도이치 사건 때 만기일에 시장이 급락하면서 풋옵션 매도를 들고 있었던 투자자문사 몇 곳은 문을 닫아야만 했다.

그 이후 금융당국은 선물옵션 파생시장에 개인고객들이 들어오지 못하도록 제도를 강화시켰다. 마치 지금 레버리지 ETF 기본예탁금제도와 교육제도를 만든 것처럼 말이다. 그렇게 되니 개인투자자들의 돈은 레버리지가 강한 금융상품으로 몰리게 되었는데, 그중 하나가 증권사에서 하는 ELW(Equity Linked Warrant : 주식워런트증권)였다. 마치 옵션처럼 변동성이 커서 투자자들이 몰렸는데, 이것 또한 강력한 제도로 막기 시작했다.

이제 남은 곳은 레버리지 ETF뿐이었다. 시장이 급변동하는데 증권사에서 미수까지 써 가면서 레버리지 ETF를 매매하면 꽤나 변동성이 큰 매매가 가능했기 때문이다.

이즈음에 개인투자자들이 우리나라에서는 왜 3배짜리 레버리지 ETF가 없냐며 항의를 했다. ETF 운용사들도 3배짜리 ETF를 만들려고 했으나 금융당국은 3배짜리 레버리지는 너무 위험하다고 허락할 수 없다고 했다. 이때가 주식 상한가가 15%였을 때이다. 만약 3배짜리를 만들면 이론상 45%까지 상승할 수도, 하락할 수도 있는 것이었다.

몇 년 지나지 않아 주식 상한가가 30%까지 올라갔다. 그렇게 되면 레버리지 ETF는 이론상 상한가가 +60%나 되고, 하한가도 -60%까지 갈 수 있다. 45%는 위험하다고 허락해 주지 않았는데 불과 몇 년 사이에 레버리지 상한가 +60%는 허락을 한 것이다.

물론 대표지수 레버리지는 극한까지 가기가 어렵다. 코스피200 종목이 전부 상한가를 가야지 KODEX레버리지가 +60%가 되기 때문이다.

개인투자자들이 해외 상장된 3배짜리 ETF로 몰리고 있다는 것이 안타깝다. 국내에도 하루 빨리 도입되어야 한다고 생각한다. 이제는 성숙한 ETF 투자자가 되었으니 말이다.

4

양매수
전략

양매수 전략은 파생시장의 옵션 전략 중 하나로서 스트래들 매수(Long straddle)와 비슷한 전략이라고 볼 수 있다. 양매수 전략은 시장이 급격하게 한 방향으로 크게 움직일 때 쓰는 전략으로 레버리지 ETF 인버스2X ETF 를 같은 금액으로 매수하는 전략이다. 시장이 한 방향으로 적어도 10% 이상 급하게 움직일 것이라고 예상할 경우 사용할 수 있는 전략이다. 과 거 사례를 보면서 실제로 양매수 전략을 했다면 이익이 났는지 살펴보자.

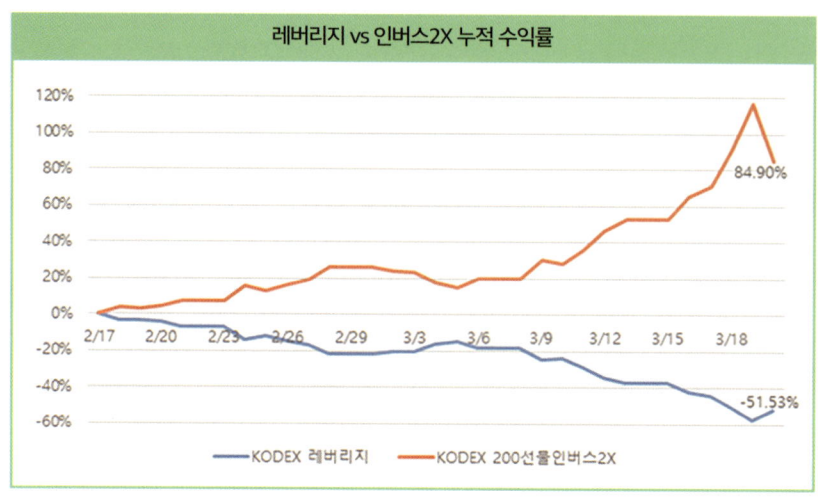

레버리지 vs 인버스2X 누적 수익률

2020. 2. 17.~3. 20. 종가 기준, NH-Amundi

　시장이 하락하기 전에 KODEX레버리지와 KODEX200선물인버스2X를 동시에 같은 금액으로 매수했다면 2020년 3월 20일 종가 기준으로 84.9-51.33=33.37%의 수익률을 얻게 된다. 코스피 시장은 2,242포인트에서 1,566포인트까지 40% 넘게 하락했다. 시장이 하락할 줄 미리 알아서 인버스2X를 매수했다면 80%가 넘는 수익이 발생했겠지만 롱과 숏을 한꺼번에 매수하면서 안전하게 수익을 낼 수 있다는 것에 의미를 둘수 있다. 만약 1,000만 원씩 투자했다고 가정하면 수익이 약 333만 원을가져 갈 수 있었다.

　양매수 전략은 옵션 양매수 전략보다는 길게 투자를 가져갈 수 있다는 장점이 있다. 옵션은 양매수를 한다면 시간 가치 감소로 손실을 볼 확률이 더 높지만, ETF는 시간 가치 감소는 없는 장점이 있기 때문에 크게 변동하는 시기가 온다면 적극 추천하는 전략이다. 우리나라 설 연휴

196

및 추석 연휴처럼 긴 휴장을 지나고 급변할 수 있다고 기대될 때 추천하는 전략이다.

그렇다면 2025년 코스피가 60% 넘게 급등하게 되었을 때 과연 양매수 전략은 어떤 수익이 났는지 궁금하지 않을 수 없다.

KODEX레버리지 수익률								
종목명	1개월	3개월	6개월	1년	3년	5년	연초 이후	성장 이후
NAV	27.76	73.13	175.80	173.98	204.01	169.72	214.31	330.85

단위 : %   2025. 11. 10. 기준, KODEX

KODEX200선물인버스2X 수익률								
종목명	1개월	3개월	6개월	1년	3년	5년	연초 이후	성장 이후
NAV	-24.40	-45.43	-66.96	-69.43	-77.57	-81.26	-72.76	-92.81

단위 : %   2025. 11. 10. 기준, KODEX

만약 6개월 동안 다음과 같이 투자했다면 무려 100%가 넘는 수익률, 즉 1,000만 원이 넘는 수익률을 가져갈 수 있었다.

KODEX레버리지 매수
1,000만 원
수익 1,758만 원

+

KODEX200선물인버스2X 매수
1,000만 원
손실 669만 원

=

손익 1,089만 원

5

자산배분
전략

자산배분 전략 투자라고 하면 기관투자자 또는 전문투자자들이 주로 사용하는 전략이라고 생각하는 사람이 많다. 실제로 우리나라에서 큰 자금을 운용하는 기관투자자들은 주로 여러 가지 자산배분 전략을 사용하고 있다.

자산배분을 해서 주식이나 채권을 직접 사서 운용하는 기관들도 있지만, 투자 전략의 흐름은 천천히 지속적으로 ETF로 투자하는 것으로 변화하고 있다. 특히 국민연금, 공무원연금, 사학연금 등 우리나라에서 최대의 자금을 운용하는 기관도 글로벌 자산에 투자할 때는 직접 해외 주식을 사기도 하지만 많은 부분을 ETF로 투자하고 있다.

투자 성향별 자산배분 기준

성향에 따른 자산배분 투자를 살펴보자. 투자자 성향 또는 전략에 따라 안정 추구형은 주식형 ETF 50%, 채권형 ETF 50%, 방어적 투자형은 주식형 30%, 채권형 70%, 공격적 투자형은 주식형 70%, 채권형 30% 수준으로 운용할 수 있다. 퇴직연금 계좌라면 일반적으로 위험자산인 주식형 ETF를 70%밖에 투자할 수 없기 때문에 모든 유형에 적용할 수 있다.

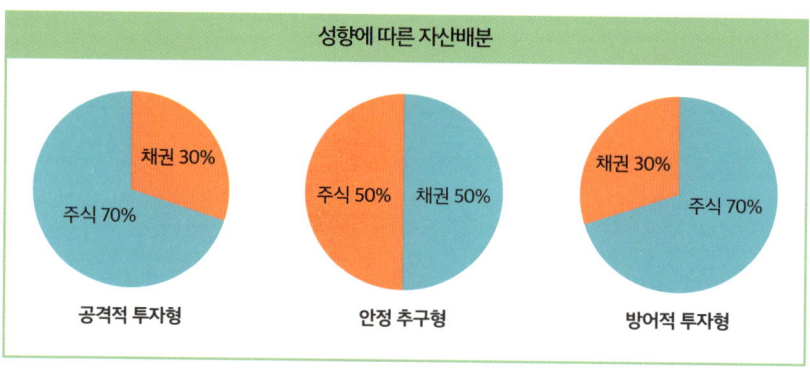

핵심위성(Core & Satellite) 전략

기관투자자들이 가장 많이 사용하는 전략이다. 핵심에는 대표지수 같은 저비용·장기분산이 잘되는 것으로 80~90%가량 채우고, 위성에는 테마·성장·섹터 등을 10~20% 수준으로 투자하는 것을 말한다. 예를 들어, 핵심에는 주로 코스피200에 투자하는 KODEX200, TIGER200, ACE200, HANARO200 등의 ETF, 위성에는 2차전지·방산·조선·원자력 등의 ETF에 투자할 수 있다.

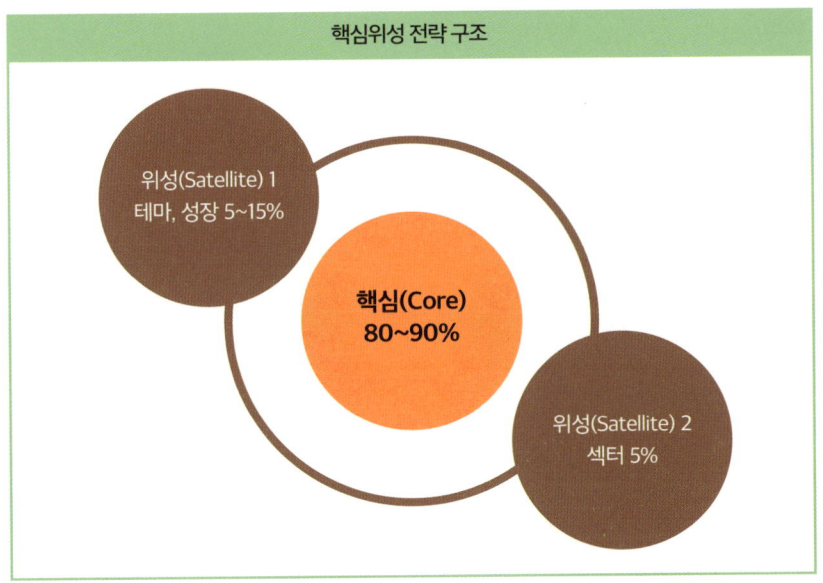

추천 포트폴리오를 보면 대개 이러한 전략을 활용한 것이다. 실제로도 많은 전문투자자가 활용하는 전략이기 때문에 장기 투자가 가능한 퇴직연금 ETF 투자에는 반드시 필요한 전략이라고 볼 수 있다.

올웨더(All Weather) 전략

올웨더 전략은 세계 최대 헤지펀드인 브리지워터 창립자 레이 달리오(Ray Dalio)가 고안한 자산배분 투자법으로 ETF 투자자들이 많이 활용하는 전략이다. 이 전략은 경제 상황을 4가지 '사계절'로 나누고, 각각의 환경에서 강세를 보이는 자산에 분산 투자하여 시장 변동성과 경기 변화에 상관없이 꾸준하고 안정적인 수익을 추구한다.

주요 내용은 다음과 같다.

경제 상황 4분면

1. 스태그플레이션(경기 침체+물가 상승) : 경제가 침체되면서 물가가 상승하는 경우

2. 인플레이션(경기 호황+물가 상승) : 경제 성장과 함께 물가가 상승하는 경우

3. 디플레이션(경기 둔화+물가 하락) : 경제가 둔화되고 물가 하락이 함께 일어나는 경우

4. 골디락스(경기 상승+물가 하락) : 경제 성장 중에 물가 상승 압력이 없는 경우

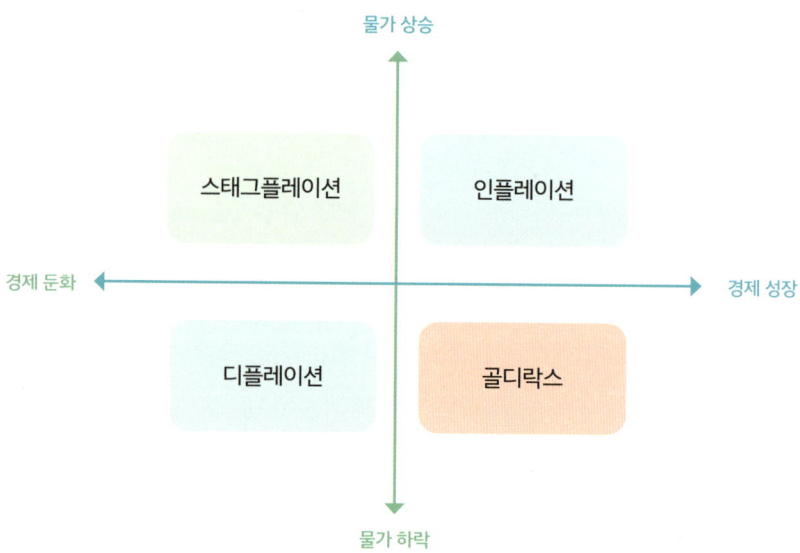

각 상황에 대응하는 자산배분을 보면 다음과 같다.

1. 스태그플레이션 : 원자재, 신흥국채권, 물가연동채권

2. 인플레이션 : 주식, 원자재, 회사채

3. 디플레이션 : 주식, 채권

4. 골디락스 : 채권, 물가연동채권

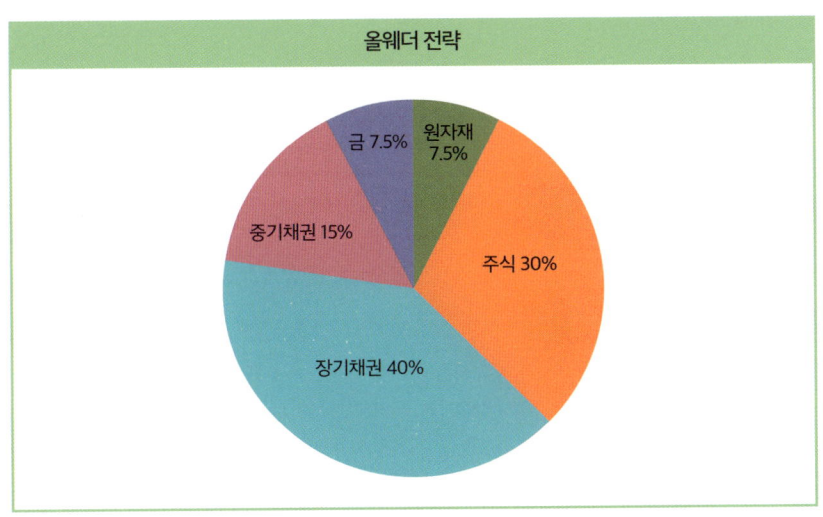

올웨더 전략의 기본 포트폴리오 구성은 이렇게 된다.

주식 30%, 장기채권 40%, 중기채권 15%, 금 7.5%, 원자재 7.5%

위험을 분산하는 전략으로 안정적 수익률을 기대할 수 있다(1970~2022
년 연평균 약 9%). 그러나 2025년처럼 지속적인 강세장에서는 주식 집중 투
자보다 수익률이 낮을 수 있다. 단점은 주기적인 리밸런싱이 필요하며,
경제 상황에 따라 자산 간 상관관계가 높아질 수 있어 여러 가지 리스크
가 존재한다. 그러나 이 투자법은 특히 장기적이고 안정적인 투자, 연금
계좌 운용에 적합한 전략 중 하나로 볼 수 있다.

6

버킷
전략

버킷(Buckets) 전략이란 주로 퇴직자산이나 장기 투자자금을 관리하기 위해 운용하는 투자 접근법이다. 버킷은 주로 단기, 중기, 장기 3개로 구성된다. 단기 버킷은 1~2년 내 필요자금, 중기 버킷은 3~10년 내 필요자금, 장기 버킷은 11년 이상으로 구분한다. 버킷 전략은 은퇴 후에 자금을 관리하는 전략이지만 자금을 운용할 때 3단계로 나누어서 운용할 수 있는 전략이므로 다용도로 활용될 수 있다.

버킷1-단기(Short-Term Bucket)

안전자산 중심으로 시장의 변동이 심해져도 즉시 인출할 수 있도록 현금이나 초단기 채권으로 구성한다.

전체 운용자금 : 10% 운용

추천 ETF

RISE머니마켓액티브 : 5%

KODEX KOFR금리액티브 CD 1년 : 5%

버킷2-중기(Long-Term Bucket)

중간위험 수준 자산으로 안정적인 수익을 추구하면서도 약간의 성장을 기대로 중기채권 또는 배당주 중심으로 투자한다.

전체 운용자금 : 30%

추천 ETF

KODEX국고채3년 : 15%

PLUS고배당주위클리커버드콜 : 8%

KODEX미국나스닥100데일리커버드콜OTM : 7%

버킷3-장기(Long-Term Bucket)

고위험 고수익 자산으로 주식 중심의 성장 및 높은 듀레이션의 장기채권에 투자한다.

전체 운용자금 : 60%

추천 ETF

RISE200 : 20%

TIGER미국S&P500 : 20%

KODEX국고채10년액티브 : 10%

ACE미국30년국채액티브(H) : 10%

추천 ETF는 단순하게 예를 든 것으로 '제3장 유형별 ETF 핵심'을 참고하여 교체할 수 있다. 퇴직자산을 운용한다고 가정할 때 리밸런싱은 버킷1(단기)에서 생활비 등으로 지출이 일어나서 잔고가 줄어들 경우, 버킷2(중기)에서 자산을 매각해서 버킷1(단기)에 채워 넣는다. 버킷2(중기)의 잔고는 버킷3(장기)에서 이익이 날 경우 매각해서 채워 넣는 것으로 한다. 장기 버킷에서 수익률이 크게 높아지면 수익을 실현하여 버킷2(중기) 및 버킷1(단기)에 채워 넣을 수 있다.

리밸런싱은 주로 1년에 한 번 정도로 생각하면 되지만, 시장 변동이 클 경우에는 비중을 재조정할 수 있다. 가장 많이 쓰이는 방식은 연말 정기 1회와 버킷1이 처음 세팅한 것의 50% 이하로 떨어질 때 리밸런싱을 한다.

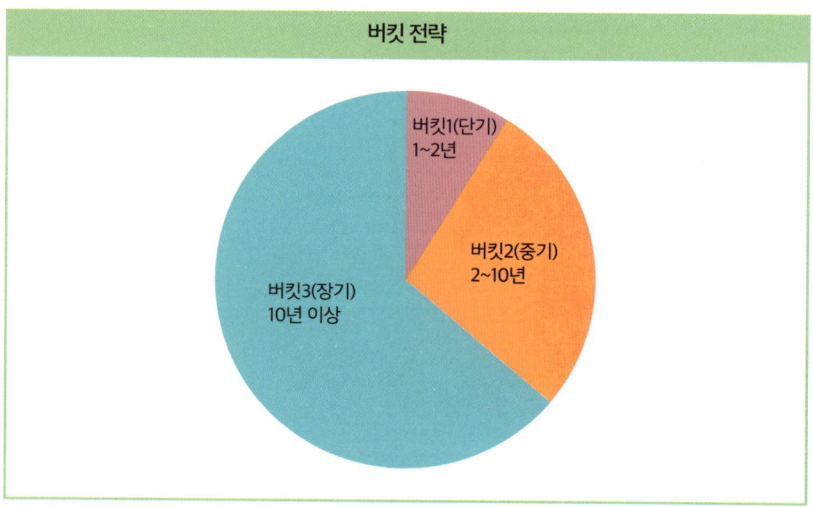

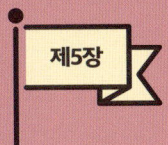

제5장

ETF 투자에서
반드시
피해야 할 것들

1

ETF 투자 전에
꼭 점검해야 할 사항

레버리지 ETF의 구조와 위험성

레버리지 ETF는 상당히 매력적이다. ETF가 우리나라에서 대중적으로 커 나갈 수 있었던 것은 레버리지 ETF 덕분이다. 지금까지도 레버리지 ETF가 항상 거래량 상위권을 차지한다. 처음에는 대표지수형 레버리지밖에 없었지만, 지금은 섹터형·테마형 레버리지 등 종류가 굉장히 많다.

레버리지 ETF란 기초지수가 당일 1% 오를 때 2% 오르는 ETF를 말하는데 국내에서는 아직 2배 배율까지만 허용하고 있다. 레버리지 ETF 종류에 대해 살펴보자.

국내 주식형 대표지수 레버리지 ETF						
종목 코드	종목명	순자산총액 (백만 원)	평균 거래량(주)			
			3개월	6개월	9개월	1년
122630	KODEX레버리지	3,555,412	23,530,815	23,649,076	22,441,515	21,477,327
233740	KODEX코스닥150레버리지	1,634,287	19,682,904	23,600,450	25,166,969	27,339,503
278240	RISE코스닥150선물레버리지	102,147	38,258	43,926	42,765	39,912
123320	TIGER레버리지	102,026	212,077	200,253	179,181	156,127
267770	TIGER200선물레버리지	94,264	486,388	377,633	344,737	303,840
233160	TIGER코스닥150레버리지	73,243	392,157	407,426	432,275	446,912
304780	HANARO200선물레버리지	73,198	5,453	5,286	4,130	3,319
252400	RISE200선물레버리지	37,792	36,810	49,764	43,248	36,875
306950	KODEX KRX300레버리지	31,353	4,185	5,426	5,428	4,614

2025. 11. 7. 기준, KRX

국내 주식형 중에서 가장 순자산이 큰 것은 KODEX레버리지 ETF로 순자산이 3조 원이 넘으며, KODEX코스닥150레버리지가 1조 6,000억 원으로 두 번째로 높다. 거래량도 각각 평균 2,000만 주가량 된다. 국내 대표지수형 레버리지 ETF는 이 2가지 ETF가 거래량의 거의 전부라고 해도 과언이 아니다.

국내 주식형 업종섹터 레버리지 ETF						
종목 코드	종목명	순자산총액 (백만 원)	평균 거래량(주)			
			3개월	6개월	9개월	1년
462330	KODEX2차전지산업레버리지	521,414	45,254,237	37,456,994	30,731,703	26,031,683
494310	KODEX반도체레버리지	325,846	2,047,648	1,554,230	1,353,595	1,128,444
0080Y0	SOL조선TOP3플러스레버리지	190,871	966,526	977,304	977,304	977,304
412570	TIGER2차전지TOP10레버리지	139,209	6,724,992	6,413,583	5,293,281	4,583,456
488080	TIGER반도체TOP10레버리지	118,806	1,136,654	801,452	667,639	655,908
243880	TIGER200IT레버리지	52,547	22,602	16,551	13,572	12,406
0100K0	KODEX K방산TOP10레버리지	39,126	646,019	646,019	646,019	646,019
0104G0	PLUS K방산레버리지	20,401	228,044	228,044	228,044	228,044
243890	TIGER200에너지화학레버리지	5,099	35,436	45,062	41,063	35,278

2025. 11. 7. 기준, KRX

국내 주식형 업종섹터 레버리지 ETF에서 가장 많이 거래되는 것은 2차전지와 반도체이며, 조선 및 방산 레버리지까지 상장되어 많이 거래되고 있다. 업종섹터로서 수익률이 높았던 것 위주로 레버리지 ETF가 상장되어 있다. 특히 조선 및 방산 레버리지 ETF는 최근 상승장에서 주도주 역할을 했기 때문에 레버리지 ETF도 많이 거래되고 있다.

		해외 주식형 대표지수 레버리지 ETF				
종목 코드	종목명	순자산총액 (백만 원)	평균 거래량(주)			
			3개월	6개월	9개월	1년
409820	KODEX미국나스닥100 레버리지(합성H)	238,972	149,318	181,721	304,142	273,273
418660	TIGER미국나스닥100 레버리지(합성)	227,433	99,723	107,557	135,649	128,613
204480	TIGER차이나CSI300 레버리지(합성)	118,913	41,320	37,974	45,246	46,208
225040	TIGER미국S&P500 레버리지(합성H)	63,683	11,692	11,797	16,401	15,913
204450	KODEX차이나H레버리지(H)	50,712	271,659	264,496	393,045	409,373
236350	TIGER인도니프티50 레버리지(합성)	33,814	4,262	4,167	5,117	5,314
196030	ACE일본TOPIX레버리지(H)	30,430	782	574	1,009	867
453820	KODEX인도Nifry50 레버리지(합성)	26,479	14,067	13,716	15,072	15,133
225060	TIGER이머징마켓MSCI 레버리지(합성H)	12,637	536	637	1,035	911
219900	ACE중국본토CSI300 레버리지(합성H)	8,464	10,618	10,163	10,126	11,956
225050	TIGER유로스탁스 레버리지(합성H)	6,818	1,140	1,248	1,579	1,319

2025. 11. 7. 기준, KRX

해외 주식형 중에서 가장 순자산이 큰 것은 KODEX미국나스닥100레버리지(합성H) ETF이며, 거래량이 제일 많은 것은 KODEX차이나H레버리지 ETF이다. 인도 및 일본, 중국본토, 유럽 레버리지 ETF가 있지만 거래량은 많지 않다.

종목 코드	종목명	순자산총액 (백만 원)	평균 거래량(주)			
			3개월	6개월	9개월	1년
423920	TIGER미국필라델피아 반도체레버리지(합성)	346,368	131,407	167,891	223,128	207,738
465610	ACE미국빅테크TOP7Plus 레버리지(합성)	125,967	43,254	44,792	48,563	53,156
456680	TIGER차이나전기차 레버리지(합성)	81,378	78,924	56,129	55,008	59,400
438320	TIGER차이나항셍테크 레버리지(합성H)	39,874	163,550	150,084	202,707	184,670
461910	PLUS미국테크TOP10 레버리지(합성)	19,955	4,241	4,505	4,867	5,238

해외 주식형 업종섹터 레버리지 ETF

2025. 11. 7. 기준, KRX

    해외 주식형 업종섹터 레버리지 중에서 가장 순자산이 큰 것은 TIGER 필라델피아반도체레버리지(합성) ETF이다. 거래량은 TIGER항셍테크레 버리지가 필라델피아반도체레버리지와 더불어 거래가 많이 되고 있으며, 미국빅테크TOP7과 차이나전기차레버리지 ETF도 상장되어 거래되고 있 다. 레버리지 특성상 변동성이 큰 섹터로 레버리지 ETF가 상장되어 있다.

    이렇게 다양한 레버리지 ETF가 상장되어 거래되고 있지만, 모든 레버 리지 ETF는 기초지수 일별 수익률의 2배를 추구한다는 것에는 동일하 다. 일별 수익률이지 누적 수익률은 아니다. 바로 여기에 함정이 있다. 수 익률의 2배라고 생각하면 당연히 내가 1만 원에 ETF를 사고 기초지수가 10%가 오르면 당연히 20%가 오를 것이라고 생각하는데 실제로는 기간 이 길어지거나 변동성이 크면 그렇지 않다. 일별 누적 수익률에만 2배가 되기 때문에 투자자들의 주의가 요구된다.

따르릉 ~ 전화기가 울렸다.

"팀장님, 증권 지점 직원한데 전화가 왔는데 레버리지 ETF에 대해서 문의가 있다고 합니다."

이제 입사한 지 얼마 안 되는 사원이 전화를 받자마자 나를 찾았다.

"그래. 연결해 줘."

목소리가 다급해진 직원이 이야기했다.

"팀장님, 저희 고객이 코스피 지수 1,800포인트에 레버리지 ETF를 샀는데요. 지수가 2,000포인트가 넘어가는데 수익률이 마이너스라고 합니다. 이건 말이 안 되는 것 아닙니까? 시장이 200포인트나 올랐는데

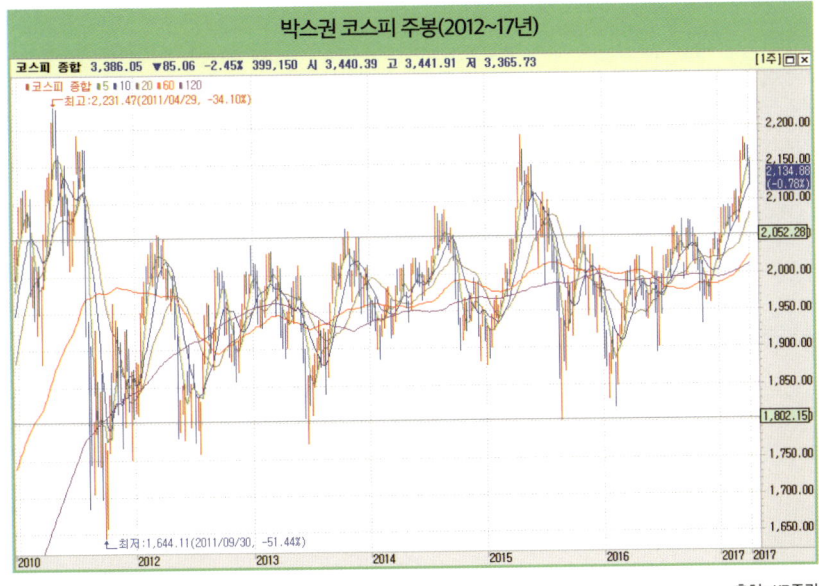

출처 : KB증권

요. 수익률이 마이너스라니요. 도저히 이해가 안 가서 연락드렸습니다."

전화를 받자마자 정말 그 정도일까라는 생각에 먼저 지수 그래프를 확인해 보았다. 어떻게 그럴 수 있었을까? 마이너스 수익률이 난다는 것은 쉽지 않을 텐데….

그러나 실제로 레버리지 ETF를 투자했던 사람들 중 대부분이 박스피 시장에서 수익률이 마이너스였다고 한다. 분명히 시장이 올라갈 것이라고 생각해서 코스피 1,800포인트에서 매수했는데, 몇 년 동안 오르내리기를 반복하면서 레버리지 ETF는 수익률이 나지 못했던 것이다.

앞의 그래프에서 볼 수 있듯이 코스피 시장은 1,800~2,000포인트의 박스권을 굴곡을 지어 가면서 지겹게 오르락내리락 하고 있었다. 2012년부터 2016년까지 대략 4년간은 그야말로 횡보였다. 항의 전화를 한 투자자 같은 경우는 코스피 1,800포인트가 오면 저점에서 매수를 잘했다고 생각해서 2,000포인트 넘어올 때 계좌를 살펴봤는데 수익률이 예상했던 약 +20%가 아닌 마이너스였기에 항의 전화를 한 것이었다. 운용사가 운용을 제대로 하지 않은 것 아니냐고 말이다. 그러나 이것은 바로 지긋지긋한 레버리지 복리 효과 때문이다.

물론 시장이 박스피가 아니라 2025년처럼 계속 우상향하는 시장이었다면 레버리지 ETF가 큰 수익률을 내는 것은 당연하다. 수익률도 복리로 쌓이기 때문에 지속 상승장에서는 레버리지 ETF에 투자해야 한다.

2025년의 레버리지 ETF의 수익률을 살펴보자.

레버리지 ETF 수익률							
종목명	1일	1개월	3개월	6개월	1년	3년	5년
TIGER200IT레버리지	-4.03	51.68	142.10	290.69	177.88	139.85	137.50
KODEX반도체레버리지	-4.75	31.87	135.08	244.13	178.25	-	-
TIGER반도체TOP10레버리지	-5.64	35.42	124.51	244.07	165.14	-	-
TIGER미국필라델피아반도체레버리지(합성)	-2.71	24.76	72.25	171.22	61.94	470.17	-
ACE레버리지	-4.59	26.90	63.26	162.10	159.28	200.18	171.61
TIGER레버리지	-3.58	26.64	63.21	161.66	159.83	202.29	175.41
HANARO200선물레버리지	-3.57	26.50	63.20	161.55	156.43	195.62	167.19
RISE200선물레버리지	-3.65	27.33	63.41	160.81	158.05	193.48	163.07
KIWOOM200선물레버리지	-3.56	26.79	62.90	160.53	157.74	193.83	164.03

단위 : %

2025. 11. 7. 기준, KRX

TIGER200IT레버리지 ETF는 무려 6개월 동안 290%나 수익률을 내고 있다. KODEX반도체레버리지 ETF는 244% 상승률을 보이고 있다. 반도체 주식들이 최근 6개월 동안 시장을 이끌었기 때문이다. 대표지수형인 ACE 레버리지도 6개월 수익률이 162%에 달한다. 같은 기간 동안 ACE200 ETF의 수익률은 63.5%이다.

국내 상장된 레버리지 ETF는 모두 2배만 상장되어 있다. 그렇다면 레버리지 ETF는 2배 이상의 수익률을 낸 것이다. 바로 복리 효과 때문이다. 복리 효과가 박스권으로 횡보할 때는 안 좋게 작용하지만 지속적으로 우상향하는 시장에는 수익률을 더 좋게 하는 효과를 나타낸다.

레버리지 ETF의 구조를 보면 다음과 같이 만들어지기 때문에 이런 현

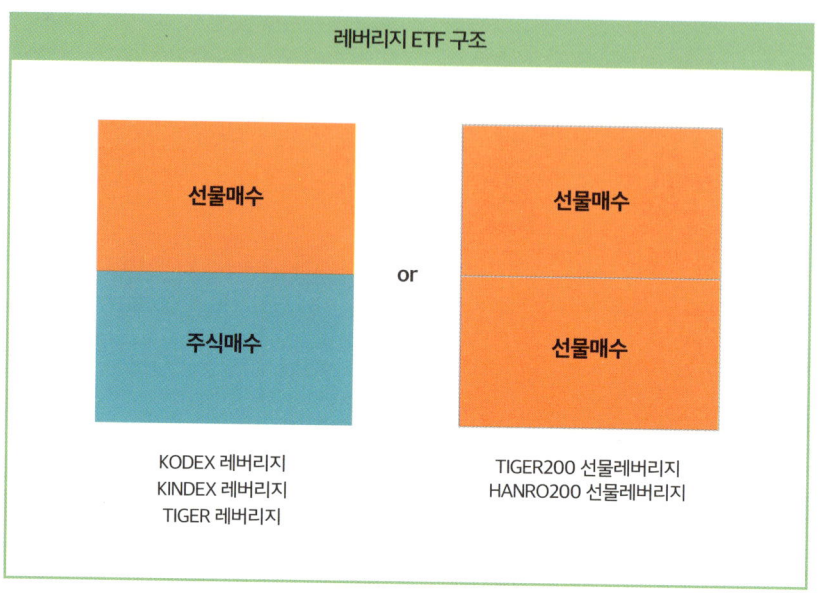

레버리지 ETF 구조	
선물매수	선물매수
주식매수	선물매수
KODEX 레버리지 KINDEX 레버리지 TIGER 레버리지	TIGER200 선물레버리지 HANRO200 선물레버리지

상이 나타난다. 크게 레버리지 ETF 구조는 2가지로 나뉘는데, 2016년 이전에 만들어진 레버리지 ETF는 주식 절반과 선물 절반으로 구성되어 있고, 2016년 이후에 상장된 레버리지 ETF는 선물로만 200%를 채워서 운용하는 구조로 되어 있다. 중간에 파생상품위험규정 한도에 변화가 생겼기 때문이다.

레버리지 ETF는 위의 그림에서 보는 것처럼 시장이 크게 움직이면 운용사에서는 포지션을 맞추기 종가에 매매를 한다. 그래서 내일 시장이 변동할 때 딱 2배가 움직일 수 있도록 맞추는 작업을 하게 되는 것이다.

이런 작업을 해야만 오늘 매수한 사람에게 내일 2배 수익률을 줄 수 있다. 그렇지 않으면 레버리지 ETF의 2배 수익률은 불규칙해지기 때문에 문제가 발생하게 된다.

그러다 보니 일별 수익률에만 2배를 추종하다 보니 시장의 변동성이 크게 움직이면서 상승한다면 복리 효과 때문에 수익률이 더 안 좋아질 수 있는 것이다. 좀 더 쉽게 이야기하면 아래 표를 보자.

레버리지 ETF 복리 효과의 예					
	기초지수		레버리지 ETF(2배)		레버리지 효과
	지수	일간 수익률	NAV	일간 수익률	
-	100.0		100.0		
1일 차	98.0	-2.0%	96.0	-4.0%	200%
2일 차	96.0	-2.0%	92.1	-4.1%	200%
3일 차	94.0	-2.1%	88.2	-4.2%	200%
4일 차	97.0	3.2%	93.9	6.4%	200%
5일 차	101.0	4.1%	101.6	8.2%	200%
누적 수익률	1.0%		1.6%		162%

일간 수익률이 각각 2배 ◀
누적 수익률은 2배가 아님 ◀

기초지수와 레버리지 지수 모두 100에서 출발했다고 가정하고, 기초지수가 1일 차에서 5일까지 하락했다가 다시 상승하면서 5일 차에는 101.0의 지수가 되었다. 그러나 레버리지 ETF 같은 경우는 똑같이 100에서 시작했지만, 하락할 때는 2배로 하락했기 때문에 NAV(순자산)가 보다 많이 하락된다. 그 상태에서 다시 4, 5일 차 상승을 했다 하더라도 NAV가 101.6이 되어 누적 수익률은 2배를 추종하지 못하게 된다.

좀 더 간단하게 이야기해서 만약에 어떠한 주식을 매수하여 3일 연속 상한가를 기록하여 약 100% 이익이 났다고 가정해 보자. 100만 원이 첫째 날에는 130만 원, 둘째 날에는 169만 원, 셋째 날에는 219만 원까지 상승한다. 그렇지만 하락할 때는 2일만 하락해도 원래 나의 자산이 순식간에 107만 원이 돼 버린다. 이런 것이 바로 복리 효과라고 하는 것이고 레버리지 매매의 위험이 된다.

이러한 복리 효과 때문에 레버리지 ETF는 장기적으로 투자했을 경우 예상했던 수익률보다 안 좋아질 수 있다. 때문에 장기투자 시에는 사용하지 않는 것을 권한다. 다행히 연금에 투자할 때에는 파생형 상품(레버리지, 인버스)에는 투자할 수 없기 때문에 복리 효과 위험을 피할 수 있다. 개인적으로 퇴직연금에 투자할 때 레버리지와 인버스가 안 되는 것은 정말 다행스러운 일이라 생각한다. 그렇지 않으면 많은 사람이 레버리지 ETF를 투자할 테고, 연금을 수령할 때는 박스피에서 매매하다가 손실이 난 것처럼 연금 수령할 돈이 없어질 수도 있다.

이런 레버리지 ETF의 위험은 국내뿐만 아니라 해외에 상장된 레버리지 ETF도 마찬가지다. 해외에 상장된 ETF 중 국내 투자자들의 거래가 가장 많은 ETF는 레버리지 ETF이다. 레버리지 3배짜리 거래가 굉장히 많은데, 그중에서도 한국인 비중이 저렇게 높은 것도 놀랄 일이다.

해외에 상장된 ETF들도 복리 효과 위험은 마찬가지다. 일별 수익률의 2~3배를 추종하는 것이지, 누적 수익률의 2~3배는 정확하게 기대하기 어렵다. 물론 시장이 급등한다면 레버리지 ETF의 수익률이 제일 높을 것은 확실해도 오랫동안 가지고 있다면 수익률을 보장하지 못한다. 특히 3배 레버리지 ETF는 변동성이 더욱 크기 때문에 조금만 횡보 장세가 나오게 되면 수익률이 기대보다 좋지 않을 것이다.

국내 투자자들이 좋아하는 해외 상장 레버리지 ETF				
ETF명	티커	총 운용자산 규모	한국인 투자 규모	한국인 비중
ProShares UltraProQQQ(TQQQ)	TQQQ	약 240억 달러	약 30억 달러	약 12%
Direxion Daily Tesla Bull 2 X Shares	TSLL	약 34억 달러	약 20억 달러	약 60%
SOXL (반도체 3배 레버리지)	SOXL	약 100억 달러	약 22억 달러	약 22%

2024. 12. 3. 기준, 국제금융센터

ETF 투자에
'의리'가 필요한 이유

　2012년에 증권사의 유명 PB 3명과 연예인 3명이 참여한 ETF 투자 수익률 대회가 열렸다. 연예인 3명은 김보성, 김학도, 김가연 씨였다. 증권사 PB들은 ETF에 대해서 이미 알고 있고 투자도 많이 해 봤기 때문에 직접 투자했고, 연예인 3명은 운용사에서 매니저가 1명씩 멘토가 되어서 도와주기로 했다.

　2개월간에 걸친 투자 대회가 시작되었는데 나는 김가연 씨의 멘토가 되었다. 2개월이 지나 연예인 3명 중에 가장 높은 수익률을 낸 사람은 바로 김가연 씨였다. 1억 원의 자금을 주고 매매를 한 결과 2개월 만에 수익률 3%를 기록했다. 약 300만 원의 수익을 기록한 것이다. 수익률은 그대로 김가연 씨가 상금으로 가져갔다. 아쉽게도 김보성 씨는 3%에 조금 못 미치는 수익률을 기록했고, 김학도 씨는 보합 정도의 수익을 내었다.

　김가연 씨의 포트폴리오는 ACE중국본토CSI300 60% + ACE200 40%였고 거의 매매를 하지 않았다. 2개월 동안 코스피가 거의 움직이지 않았지만, 중국 시장이 상승하면서 수익률을 얻을 수 있었다. 잊지 못할 트레이딩은 김보성 씨였다. 김보성 씨는 딱 2가지 ETF를 매수했다 매도하는 것만 했다. 즉 시장이 상승할 때는 ACE레버리지, 시장이 하락할 때는

ACE인버스(당시는 인버스 레버리지는 없었음) 이렇게 딱 2가지만 매매했다. 정말 시장이 상승할 때와 빠질 때를 타이밍에 맞추어 매매했다. 시장이 거의 움직이지 않았을 때 트레이딩으로만 수익을 낸 것인데, 상당한 수준의 트레이딩을 한 것이다.

김보성 씨가 이야기했다.

"내가 주식을 오래 해서, 시장 전체가 오르고 빠지는 것 정도는 충분히 맞출 수 있다. 기간만 좀 더 있었으면 내가 1등 했을 것이다. 의~리!"

정말 그랬을 것 같다. 김학도 씨도 한마디 명언을 남겼다.

"진작 ETF를 알았더라면 개별 주식 투자해서 손실을 많이 안 봤을 것 같다. 투자하는데 마음이 무척 편하다."

우리나라의 거래량 1위는 레버리지 ETF이다. 시장이 상승할 때는 레버리지, 하락할 때는 인버스 레버리지이다. 화끈한 수익률을 좋아하는 대한민국 투자자들이다. 우리나라 주식 시장에 3~4배 레버리지가 나오면 해외 상장된 ETF를 하지 않고 모두 국내 시장에 투자할 것이라는 생각에 아쉬움이 크다.

인버스 ETF 투자 시 주의점

인버스 ETF를 살펴보자. 인버스 ETF란 시장이 하락할 때 수익이 나는 구조로 만들어진 상품이다. 제일 먼저 상장한 것은 코스피200 지수의 인버스이다. 추후에 코스피200의 인버스2X를 상장했다. 인버스2X가 상장하자 1배 인버스 거래량은 떨어지고 거래량의 대부분이 인버스2X가 되었다.

최근에도 KODEX200선물인버스2X ETF의 경우는 순자산이 1조 6,000억 원이나 되며 거래량도 3개월 평균 5,000만 주나 된다. 처음에는 인버스 레버리지로 부르다가 너무 길다는 이유로 인버스2X로 바꾸어 부르게 되었다. 사실 정방향 레버리지도 이름을 2X로 한다면 편리하겠지만 오래전에 상장했기 때문에 혼선을 주지 않기 위해서 그냥 레버리지라고 쓰고 있다.

국내 주식형 인버스 ETF						
종목 코드	종목명	순자산총액	평균 거래량(주)			
			3개월	6개월	9개월	1년
252670	KODEX200선물인버스2X	1,662,482	550,456,829	414,120,682	321,187,082	272,720,985
114800	KODEX인버스	808,247	49,287,186	40,257,392	33,236,837	29,599,638
251340	KODEX코스닥150선물인버스	258,963	24,955,778	25,560,178	26,408,616	28,998,047
465350	RISE2차전지TOP10인버스(합성)	98,280	424,129	355,335	365,531	398,093
252710	TIGER200선물인버스2X	65,468	7,875,471	6,110,585	5,102,465	4,916,581
123310	TIGER인버스	41,781	694,295	518,367	431,593	388,529
250780	TIGER코스닥150선물인버스	14,749	407,942	346,265	423,083	461,652
252420	RISE200선물인버스2X	9,397	517,235	469,825	376,285	332,155
253230	KIWOOM선물인버스2X	3,534	149,735	127,442	118,485	113,688
253160	PLUS선물인버스2X	2,932	54,142	49,160	40,620	34,569

단위 : 백만 원

2025. 11. 7. 기준, KRX

해외 주식형 인버스 ETF						
종목 코드	종목명	순자산총액	평균 거래량(주)			
			3개월	6개월	9개월	1년
409810	KODEX미국나스닥100선물인버스(H)	22,469	170,925	189,514	202,138	189,659
217780	TIGER차이나CSI300인버스(합성)	9,357	3,197	2,454	3,349	3,689
225030	TIGER미국S&P500선물인버스(H)	7,137	51,843	69,259	82,257	81,565
205720	ACE일본TOPIX인버스(합성H)	6,861	21,472	34,579	46,788	42,253
491630	RISE미국반도체인버스(합성H)	5,708	2,432	2,350	3,020	5,192
481200	SOL미국테크TOP10인버스(합성)	4,665	1,195	1,506	2,369	2,103
291680	RISE차이나H선물인버스(H)	3,728	761	1,130	2,309	2,003
465620	ACE미국빅테크TOP7Plus인버스(합성)	1,871	3,045	2,729	4,026	3,725
373530	PLUS신흥국MSCI인버스(합성H)	522	104	145	186	184

단위 : 백만 원   2025. 11. 7. 기준, KRX

인버스 ETF를 거래하다 보면 왜 코스닥150인버스2X가 없는지 궁금할 것이다. 그 이유는 코스피보다 코스닥의 변동성이 훨씬 크기 때문에 코스닥인버스2X를 상장하는 것은 투자자들을 위험에 빠트릴 수 있다는 거래소의 배려 때문이다.

지금도 시장이 빠지는 날이면 어김없이 인버스2X 거래량이 급격히 상승한다. 이제 우리나라에서는 없어서는 안 될 ETF이다.

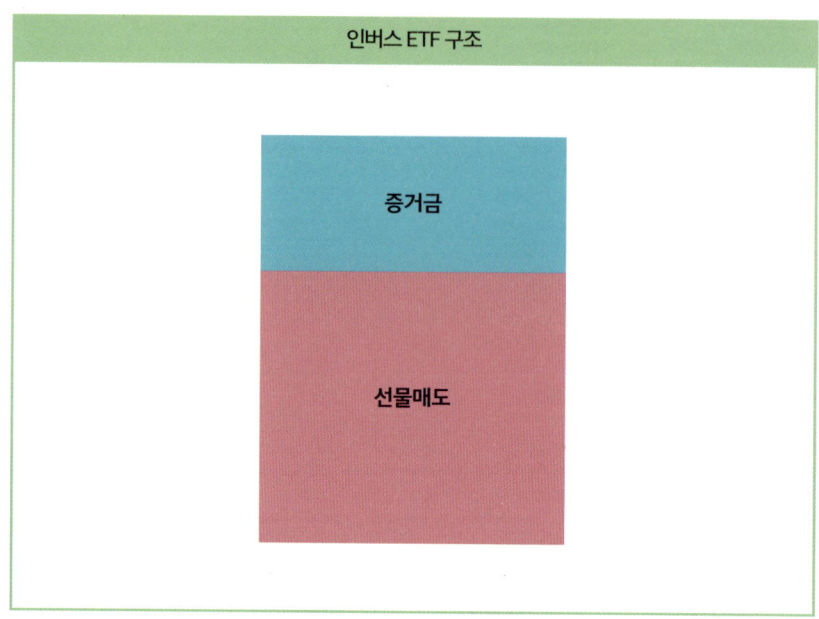

인버스 ETF의 경우도 똑같이 복리 효과가 작용한다. 인버스 ETF의 구조를 살펴보자. 인버스 ETF는 레버리지보다 오히려 구조가 단순하다. 선물매도로 인버스의 구조를 만드는 것이다.

시장이 하락할 것이라고 생각한다면 차라리 파생시장에 선물매도를 하면 되지 굳이 인버스 ETF를 할 필요가 있는가? 파생시장의 선물매도 포지션과 비교해 보자.

인버스 ETF와 선물매도의 장단점		
항목	인버스 ETF	선물매도
방법	- 주식처럼 거래소에서 매매. 지수 하락 시 -1 배(또는 레버리지 -2배 등) 추종	- 파생시장에서 선물 계약 매도(숏). 증거금 예치 후 계약 만기까지 보유. 시장 하락 시 차익 정산
장점	- 접근성 높음 : 일반 주식 계좌로 쉽게 매매 - 분산 투자 : 지수 전체 추종으로 개별 종목 리스크 분산 - 헤징 용이 : 포트폴리오 하락 방어에 간편	- 유연성 높음 : 레버리지(5~10배)로 적은 증거금(5~10%)으로 큰 포지션 가능. 양방향 거래(롱/숏) 자유 - 정확한 추종 : 일일 재조정 없이 지수 움직임 직접 반영, 장기 헤징에 적합
단점	- 일일 재조정 효과 : 장기 보유 시 복리 손실로 지수 하락에도 손실 발생 가능 - 위험 증폭 : 인버스2X 투자 시 시장 상승으로 큰 손실	- 접근성 낮음 : 선물 계좌 개설, 증거금 관리 필요 - 레버리지 위험 : 손실 극대화(무한 손실 가능), 강제 청산(마진 콜) 리스크 - 만기 시 롤오버 비용 발생

인버스 ETF를 활용할 때 가장 큰 장점은 접근성이다. 선물은 매도 포지션을 취하려고 한다면 선물 개시증거금이 필요하고, 유지증거금을 가지고 있어야 한다. 또한 만약에 내가 선물매도 포지션을 가지고 있는데 시장이 반대로 크게 상승한다면 유지증거금이 없어지는 순간에는 포지션이 자동청산(마진콜)된다. 하지만 인버스 ETF는 자동 청산되지 않는다. 가격만 지속 하락한다. 유지증거금 없이 오랫동안 버틸 수 있다는 것이다.

그러면 만약 시장이 지속적으로 상승한다면 인버스 ETF는 얼마가 될까? 1만 원에 상장했는데 시장이 상승하여 1만 원에서 1,000원까지 빠지고 500원까지 아니 100원까지 빠지면 어떻게 되는 것일까? 실제로 우려했던 일이 2025년에 발생하고 있다. 인버스 ETF의 대표격인 KODEX200

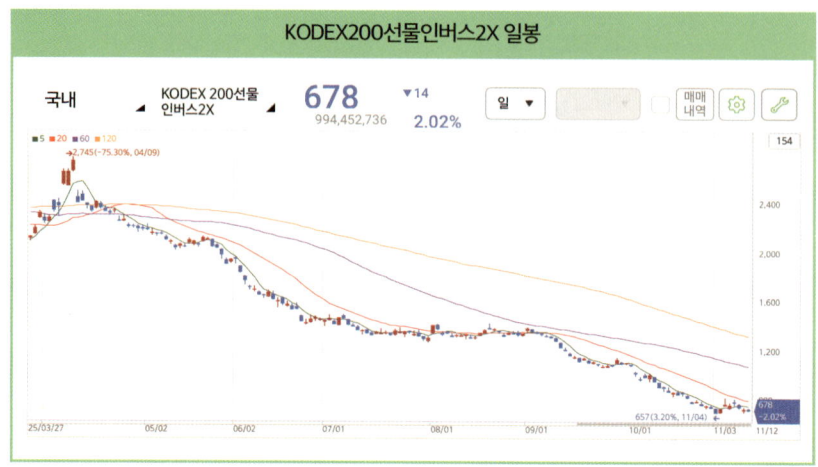

KODEX200선물인버스2X 일봉

2025. 11. 12. 기준, Namuh증권

선물인버스2X의 가격이 700원 이하로 하락했다. 2025년 4월에 2,745원 이었는데 2025년 11월 12일에 678원이 되었다. 이대로 시장이 지속 상승한다면 상장폐지하거나 액면병합을 해야 될 것이다.

실제로 국내에서는 그런 경우가 발생하지 않았지만 해외에 상장된 ETF는 너무 가격이 하락해 매매하기 힘들 때에는 액면병합하거나 상장폐지한다. 국내에는 아직 액면병합 제도가 갖춰져 있지 않기 때문에 만약 가격이 너무 하락한다면 상장폐지 절차에 들어갈 수도 있다. 해외 상장된 ETF의 경우는 SQQQ(인버스3X) 등 액면병합하게 되면 가지고 있는 주식 수는 줄어들지만 가격이 올라가기 때문에 내 자산가치의 변화는 없다. 우리나라에도 빨리 이러한 제도가 갖추어져야 할 것이다.

인버스 ETF의 복리 효과가 발생하는 것은 레버리지 ETF와 마찬가지다.

인버스 복리 효과				
구분	코스피200 지수		인버스 ETF	
	지수	일별 수익률	가격	일별 수익률
	100	-	100	-
1일 차	95.0	-5.00%	105.0	5.00%
2일 차	102.0	7.37%	97.3	-7.37%
3일 차	97.0	-4.90%	102.0	4.90%
누적 수익률	-3.0%		2.0%	

인버스 ETF를 1일 차에 매수하고 3일 차가 되었다고 가정해 보자. 코스피200 지수는 -3% 빠졌지만, 인버스 ETF는 +3%가 아닌 +2%의 수익률이 되었다. 시장이 상승과 하락을 반복했기 때문이다. 그렇다면 역시 시장이 하락한다고 예상하여 인버스 ETF를 샀다고 해도 박스피에서 레버리지 ETF가 수익이 나지 않았던 것처럼 인버스 ETF도 예상보다 낮은 수익률이 될 수도 있다.

인버스 레버리지 ETF 또한 복리 효과에 자유로울 수 없기 때문에 시장이 하락한다고 해서 장기적으로 인버스 ETF를 가져가게 되면 원하는 수익을 얻지 못하는 위험이 발생한다.

이러한 레버리지 ETF, 인버스레버리지 ETF의 위험성 때문에 우리나라 증권사에서는 양 방향 레버리지 ETF를 매매하는 데 조건을 걸었다. 첫째, 금융투자협회에서 교육을 이수해야 하고 기본예탁금이 약 1,000만 원 이상(증권사별로 상이함) 있어야 한다. 안타까운 일이지만 이러한 국내 상장된 레버리지 ETF의 제약들로 인해 많은 투자자가 해외 상장된 3배짜리 레버리지 ETF와 3배짜리 인버스 레버리지 ETF를 더 많이 매매하게 되는 현상이 나타나고 있다. 3배짜리 레버리지 ETF들은 복리 효과 위험성이 더 크다는 점을 반드시 인지해야 한다.

국내 상장 해외 ETF 투자 시 주의점

첫째, 국내 ETF도 마찬가지지만 해외 기초지수에 투자하는 ETF는 제일 먼저 기초지수를 확인해야 한다. 국내에는 미국에 투자하는 ETF가 제일 많고 다양하다. 이름만으로도 알기 어려운 ETF가 있기 때문에 기초지수 확인은 필수조건이다. 기초지수를 확인한다고 해도 쉽지 않다. 기초지수 대부분 영어로 되어 있고 무슨 지수인지 알아도 무슨 뜻인지 이해하기 어려운 것이 많다. 이럴 경우는 운용사 홈페이지에서 기초지수에 대한 설명과 투자설명서를 반드시 파악해야 한다.

기초지수 어려운 미국 ETF	
종목명	기초지수
TIGER미국30년국채스트립액티브(합성H)	ICE BofA Long US Treasury Principal STRIPS 지수
KODEX미국30년국채타겟커버드콜(합성H)	Bloomberg U.S.Treasury 20 + Year(TLT) + 12% Premium Covered Call index(Total Return)

둘째, 기초지수만 보고 알기 어려운 ETF는 앞에서 이야기했듯이 구성 종목이 무엇인지 살펴보아야 한다. 구성 종목을 보면 어떤 곳에 투자하는지 그나마 쉽게 체크할 수가 있다. ETF 종목명만으로는 정확하게 어

떤 종목에 투자하는지 명확하지 않을 때가 많기 때문이다.

셋째, 환율 헤지가 되었는지 안 되었는지 확인해야 한다. 미국이나 일본 등 선진국에 투자하는 상품은 환율 헤지가 비교적 쉽기 때문에 헤지된 상품들이 있지만, 이머징에 투자하는 ETF는 대부분 환헤지가 되어 있지 않은데 환헤지 비용이 상대적으로 굉장히 높다. 베트남이나 인도네시아에 투자하는 경우는 그 나라의 환율이 강세가 될 것이라고 기대하고 투자하는 경우가 많기 때문에 환을 오픈하여 운용한다. 중국 투자 ETF 같은 경우도 홍콩 경우는 환헤지가 있지만 중국 본토에 투자하는 경우는 환헤지 상품을 찾아보기 어렵다. 그렇기 때문에 해외에 투자할 때는 반드시 환 헤지 여부를 확인해야 한다. 환헤지가 되어 있는 ETF는 뒤에 (H)가 붙는다.

넷째, 투자하는 해외 ETF 시장이 우리나라 시장과 언제 겹치는지를 확인해야 한다. 우리나라에 제일 많이 상장된 ETF는 미국 시장이다. 그러나 S&P500이나 나스닥100같이 야간 선물시장이 있어서 유동성 공급자들이 쉽게 매도와 매수를 공급하는 ETF가 아니라면 미국 시장은 우리나라 시간으로 새벽에 끝나기 때문에 대표지수형 ETF 말고는 순자산 가치가 크게 움직이지 않는다.

미국 주식 시장 정규장 오픈 시간	
구분	한국 시간
서머타임 기간	저녁 10시 30분~ 익일 오전 5시
서머타임 미적용 시	저녁 11시 30분~익일 오전 6시

* 2025년 미국 서머타임 : 3월 9일 새벽 2시~ 11월 2일 일요일 새벽 2시

미국의 프리마켓(Pre-Market) 시장은 서머타임 기준 한국 시간으로 오후 5~10시 30분이고, 애프터마켓(After-Hours) 시장은 한국 시간으로 오전 5~9시이다. 한국 주식 시장은 오전 9시~오후 3시 30분이니 미국 주식 시장 거래 시간과 일치하지 않는다.

그렇다면 우리나라 시장은 오픈부터 마감까지 어떻게 움직이는 것인가? iNAV라고 순자산가치를 실시간으로 보여 주는 지표가 있다. 예를 들어, 글로벌럭셔리 ETF 같은 경우는 오전 9시부터 오후 3시 30분까지는 실시간 순자산가치가 거의 움직이지 않는다. 환율에 따라 조금 등락만 있을 뿐이다. 뿐만 아니라 미국 테크 및 AI 관련주들에 투자하는 ETF들은 우리나라 장 시작할 때 사나 마감할 때 사나 큰 차이가 없을 수 있다. 특히 환까지 헤지되어 있는 ETF라면 말이다.

미국이나 유럽처럼 우리나라와 주식 시장이 겹치지 않는 것과 달리 우리나라와 주식 시장이 겹치는 아시아 시장은 각 나라 주식 시장이 오픈하는 시간을 확인해야 한다.

해외 주식 시장 거래 시간		
국가	거래소	한국 시간
중국	상하이, 선전	오전장 10:30~12:30 오후장 14:00~16:00
홍콩	홍콩증권	오전장 10:30~13:00 오후장 14:00~17:00
영국, 독일, 프랑스	런던, 프랑크푸르트, 유로넥스트	17:00~01:30
베트남	호치민	오전장 11:15~13:30 오후장 15:00~16:30
인도네시아	NSE, BSE	12:45~19:00

예를 들어 중국을 살펴보자. 중국 시장은 우리나라 시간으로 오전 10시 30분에 오픈한다. 9시부터 10시 30분까지는 크게 움직이지 않다가 10시 30분이 시작하자마자 중국 시장을 그대로 반영하면서 실시간 순자산가치가 움직이기 시작한다. 그러면 유동성 공급자들이 호가를 넣기 시작하기 때문에 중국 시장이 움직이는 것에 맞춰 매매할 수 있다. 그런데 우리나라 시장은 점심 휴식 시간이 없다. 우리나라도 2000년 초반까지는 점심 휴식 시간이 있었다.

중국 주식 시장은 점심시간이 1시간이기 때문에 이 시간에는 중국 ETF 실시간 순자산가치가 멈춰 있다. 그리고 다시 오후장이 열리면 순자산가치도 따라 움직이게 된다. 중국 시장이 오픈하기 전, 그리고 점심시간 동안 우리나라에 상장된 ETF는 장중 괴리율(현재가와 순자산 차이)이 크게 벌어질 수 있다. 그렇기 때문에 해외 ETF에 투자할 때는 괴리율도 체크해야 한다. 어떤 날은 오전 10시 30분이 넘었는데 괴리율이 크게 벌어지고 줄어들지 않기도 한다. 그런 경우는 중국 시장이 휴장일 수 있다. 즉 아시아에 시간이 겹치는 시장에 투자하는 ETF는 그 나라 휴장도 확인하면서 매매해야 한다.

그리고 우리나라 시장은 오후 3시 30분에 끝나는데 중국 시장은 오후 4시에 끝난다. 그렇다면 우리나라보다 30분이 더 있는데 그것은 어떻게 반영이 되는 것인가? 바로 그 다음날 순자산가치에 반영이 된다.

예를 들어, 우리나라 시장이 끝나기 전까지 중국 시장이 +3%였다가 우리나라 시장이 끝나자마자 더 올라서 4%로 마감했다면, 그 다음날 아침에 중국 ETF의 순자산가치는 1%를 더해서 표시가 된다는 것이다. 만약 다음날 오전 10시 30분이 지나서 중국 시장이 1% 상승 출발했다면 중국

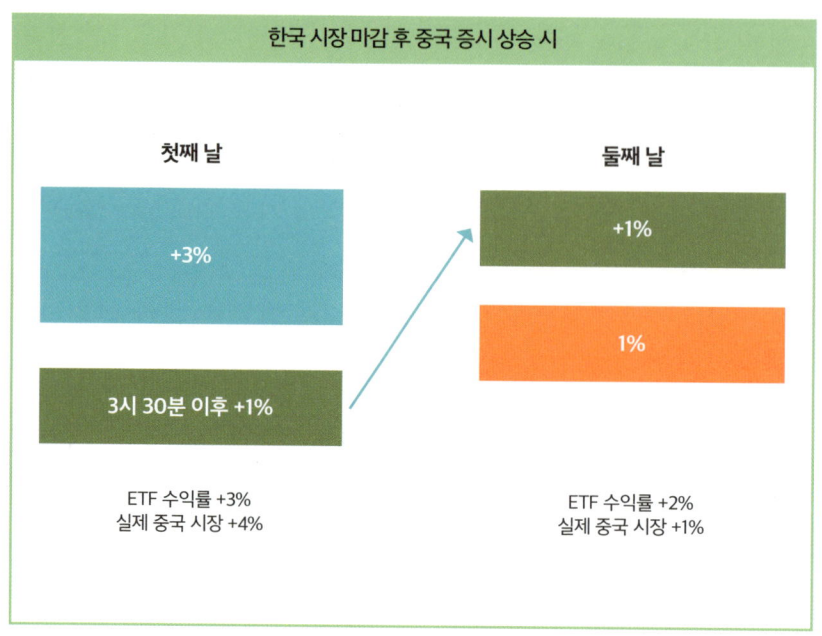

ETF는 어제 미처 못 오른 것까지 합쳐서 2%의 순자산가치가 표시된다. 단순히 어제 시장을 보지 못했던 투자자들은 궁금해한다. 중국 시장은 1% 상승했는데 왜 우리나라 중국 ETF는 2%가 오르는 것인지 말이다. 사실 이렇게 중국 시장이 오르는 것보다 더 상승했다면 문제는 되지 않는다.

반대로 중국 시장이 빠지는 중이라고 생각해 보자. 중국 시장이 우리나라 장 마감까지 -3% 정도 빠졌고 나머지 시간에 -1%가 더 빠졌다. 그렇다면 그 다음날 중국 시장이 -1% 빠진다면 오전 10시 30분에 중국 ETF는 어제 미처 못 빠진 지수까지 합쳐서 -2%가 빠지게 된다. 그렇다면 이때부터 운용사와 증권사로 항의 전화가 빗발치게 된다. 왜 중국지수가 -1%밖에 빠지지 않았는데 중국 ETF는 -2%가 빠지느냐고 말이다.

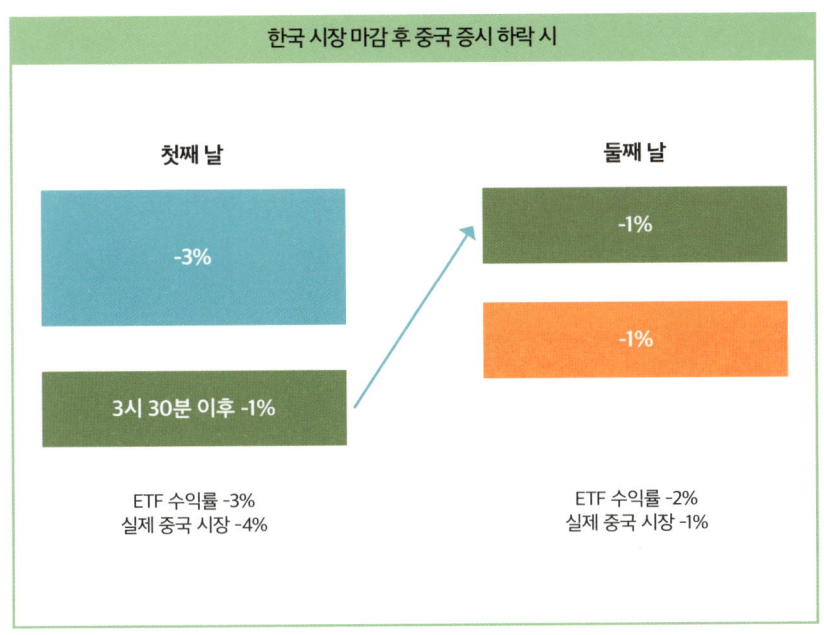

특히 중국 시장은 춘절 휴가 기간이 길기 때문에 투자 시 유의해야 한다. 베트남과 인도네시아, 인도 등 아시아에서 우리나라와 겹치는 시간의 해외 ETF는 반드시 휴장과 휴식 시간을 확인해야 한다.

여기서 한 가지 팁을 발견할 수 있다. 우리나라와 겹치지 않는 나라에 투자하는 ETF는 오전 9시에 시작하자마자 굳이 살 필요는 없다. 환율이 크게 변화하지 않는다면 장 마감 전에 매수하나 장 시작하자마자 매수하나 큰 차이가 나지 않기 때문이다. 단타로 매매를 한다면 종일 실시간 거래되는 다른 국내 ETF를 매매하고 나서 내일 미국 시장을 예측하면서 종가 부근에 매수하는 것도 하나의 방법이다.

해외 상장 ETF 투자 시 주의점

오랜만에 친구한테서 저녁을 사겠다는 연락이 왔다. 아마도 테슬라 레버리지 ETF를 산 것 같았다. 테슬라가 저가형 모델이 곧 나올 것이라는 이야기를 한 것뿐이었는데 타이밍 좋게 매매를 한 모양이었다.

"그래서 수익이 얼마나 났는데?"

지글거리는 삼겹살을 바라보며 물어보았다.

"무려 30%나 수익 났다. 300만 원 건졌어."

자랑스레 이야기했다. 그렇다면 반드시 물어봐야 할 것이 있다.

"이익 실현했지? 매도한 거지?"

"그럼, 당연하지. 먹어. 소고기 먹어도 돼."

"좋지. 나 소고기 1킬로씩 먹는 거 알지?"

"그래. 먹어. 내가 오늘 크게 쏜다."

그날 삼겹살로 시작해서 소고기까지 혼자 20만 원 이상은 먹은 것 같다. 친구는 카드로 계산을 했다.

"친구야, 너무 자만하면 안 된다. 자만하는 자는 언젠가 크게 손실 날 수 있어."

찐한 충고를 주었으니 고기 먹은 값은 한 것 같았다.

"그래, 알았어."

그 후 1개월 정도 지나 카드값을 결제하기 위해 친구는 주식을 매도한 뒤 계좌에 달러로 가지고 있던 돈을 원화로 환전했는데 충격적인 일이 발생했다. 환율이 1,400원에서 1,300원까지 급락하는 바람에 약 7%가 넘는 손실이 난 것이다. 300만 원 이익이 났다고 생각했는데 실제로는 24만 원이 환율 때문에 날아가 버렸다. 그리고 해외 ETF 투자에서 250

만 원 이상 이익이 나면 국세청에 신고를 해야 한다고 불평했다. 250만 원 초과분 26만 원에 대해서는 22% 세금 신고를 해야 하는 것이다. 결국 이익 나서 기분 좋다고 나한테 사 줬던 고기값이 환전을 늦게 하는 바람에 그대로 날아가 버린 것이다.

해외 상장된 ETF에 투자할 때 가장 먼저 고려해야 하는 것은 환율이다. 또한 증권사마다 차이가 나지만 환전 수수료도 생각보다 비싸다. 그 다음은 세금이다. 국내에 상장된 해외 ETF에 투자하는 경우도 세금을 내야 하지만 원천징수가 된다. 그러나 해외 ETF 투자에서 수익이 난 경우는 증권사가 해 주지 않기 때문에 직접 신고해야 하는 불편함이 있다는 것을 명심해야 한다.

해외 상장 ETF를 매매하고자 할 때 생각보다 정보를 찾기 쉽지 않은 경우가 많다. 그러므로 특히 구성 종목이 어떻게 되는지, 배당은 언제 주는지, 혹시 상장폐지되는 것은 아닌지를 계속 확인하면서 매매해야 한다.

○○증권사에서 "해외에 신규 투자를 하는 분들에게는 30달러를 그냥 드립니다."라고 한 광고를 보고 무작정 나스닥 3배짜리 인버스 ETF에 투자한 적이 있는데 1/10로 액면병합이 되었다. 나는 기껏해야 5주 가지고 있었는데 어떻게 됐을까? 만약 내가 10주를 가지고 있었다면 1주가 됐을 텐데 5주밖에 없어서 결국 5주에 해당하는 금액이 현금으로 정산돼서 나중에 입금되었다. 좋은 경험이긴 했지만 해외에서 일어나는 일이라 답답했다.

물론 해외에 상장된 ETF에 투자할 때 단점만 있는 것은 아니다. 장점도 있다. 특히 세금 부문인데, 해외에 상장된 ETF는 22%로 분리과세가 된다. 하지만 국내에 상장된 해외 투자 ETF는 보유기간 과세로 합산되어서 종합소득 과세에 들어가게 된다.

(제6장. ETF 세금, 이것만 알면 충분하다 참조)

비트코인 ETF 투자 시 주의점

국내 비트코인 ETF가 2025년에 상장될 수 있다는 기사가 나왔지만 아직은 이루어지지 않았다. 하지만 전 세계 시장에서 비트코인이 화폐로 받아들여지는 분위기가 되고 있다. 특히 미국이 주도하면서 코인 시장을 이끌고 있다.

비트코인은 2009년에 만들어졌지만 우리나라에서 거래된 것은 2013년 9월 코빗 거래소가 상장되고 나서부터이다. 그때 1비트코인은 14만 원 수준이었다. 이후 비트코인 시장이 커지기 시작하면서 많이 알려지기 시작했다.

2018년에 비트코인 시장이 커진다면 금처럼 거래가 되지 않을까라는 생각에 코인 거래소를 찾아가서 문의한 적이 있다. 비트코인 선물시장이 시카고 거래소에 생겼다는 이야기를 듣고, 선물시장이 있다면 ETF를 만들 수 있다고 생각했기 때문이다. 아직 미국에서도 선물 거래만 되었지 ETF는 상장되지 않았을 때이니 많이 앞선 시점이긴 했다.

2018년에 우리나라에서 비트코인 ETF를 상장하지 못했던 이유는 그당시 분위기가 비트코인은 절대 허용하지 못한다는 금융당국의 이야기가 있었기 때문이다. 2021년에 비트코인 선물을 기반으로 한 비트코인 ETF가 프로셰어즈(Proshares)에서 상장되었다. 사실 여기까지는 현물이 아닌 선물을 기반으로 하기 때문에 선물시장이 있다면 충분히 성장이 가능했다.

구조적으로 현물에 기반을 둔 ETF를 만드는 것은 어렵다. 그래서 현물을 기반으로 한 ETF는 더 늦은 2024년 1월에 시작했다. 블랙락 ETF인 iShare Bitcoin Trust(IBIT)가 대표적이다. 한꺼번에 11개의 운용사에서 비트코인 ETF가 상장되었다.

비트코인 현물 ETF			
ETF 이름	티커	순자산(AUM, USD)	24h 거래량(USD)
iShares Bitcoin Trust(BlackRock)	IBIT	$84.23B	$3.02B
Fidelity Wise Origin Bitcoin Fund	FBTC	$22.39B	$0.41B
Grayscale Bitcoin Trust	GBTC	$19.40B	$0.20B
ARK 21Shares Bitcoin ETF	ARKB	$4.80B	$0.07B
Bitwise Bitcoin ETF	BITB	$4.50B	$0.07B
VanEck Bitcoin Trust	HODL	$1.94B	$0.006B
Valkyrie Bitcoin Fund	BRRR	$0.66B	$0.012B
Invesco Galaxy Bitcoin ETF	BTCO	$0.57B	$0.010B(추정)
Franklin Bitcoin ETF	EZBC	$0.63B	$0.009B(추정)
WisdomTree Bitcoin Fund	BTCW	$0.17B	$0.008B
Hashdex Bitcoin ETF	DEFI	$0.015B	<$0.001B(추정)

2025. 9. 27. 기준, GROK

이때 국내에서도 많은 운용사가 비트코인 ETF를 상장하려고 몰려들었지만 금융당국은 절대 허용하지 않겠다는 강경 방침이었다. 비트코인뿐만 아니라 밸류체인 관련한 ETF도 상장이 불가했다. 심지어 미국에 상장된 비트코인 ETF도 증권사에서 거래하지 못하도록 막겠다는 의지를 보여 주었다.

그런데 딱 1년 만에 비트코인 ETF가 연내 상장이라는 기사가 쏟아져 나왔다. 비트코인은 24시간 거래된다. 변동성도 굉장히 크다. 미국에서는 비트코인에 이어서 대표적인 알트코인인 이더리움이 ETF로 상장되었고, 리플과 솔라나 등 다른 알트코인들도 상장 대기 중이다.

비트코인 외에도 다양한 코인이 있다. 특히 트럼프 대통령이 미국 자산으로 비축하겠다는 코인은 6개 정도이다. 비트코인 외의 코인들을 알트코인이라고 부르는데 이더리움, 리플, 솔라나 등이 대표적이다. 벌써 많은 알트코인이 미국에서 ETF로 상장되고 있다.

알트코인 현물 ETF		
ETF명(티커)	운용사	순자산(AUM, USD Billion)
iShares Ethereum Trust(ETHA)	BlackRock	약 15.03
VanEck Ethereum ETF(ETHV)	VanEck	약 0.24
Fidelity Ethereum Fund(FETH)	Fidelity	약 3.61
Grayscale Ethereum Mini Trust(ETH)	Grayscale	약 2.75

2025. 9. 27. 기준, GROK

우리나라에서도 언젠가는 비트코인 ETF가 상장될 것이다. IBIT는 상장될 때 가격이 29.21달러였는데 지금은 66.37달러이다. 3배 정도 상승했다. 비트코인 ETF가 우리나라에 상장되기 위해서는 많은 준비가 필요하지만 상장된다면 분명히 여러 운용사에서 동시에 상장될 것으로 예상된다. 물론 비트코인 ETF를 먼저 허락해 줄 것이다. 동시에 상장한다면 운용사들이 서로 저렴한 보수로 상장하려고 할 것이다. 비트코인 ETF 가 상장된다면 우리는 먼저 거래량이 제일 많은 ETF를 매매해야 할 것이고, 저렴한 보수의 ETF를 선택해야 할 것이다.

비트코인은 24시간 거래된다. 그러나 미국에 상장된 비트코인 ETF는 미국 나스닥 시장 거래 시간과 동일하다. 미국에서도 거래 시간을 늘리려고 준비하고 있다고 한다. 비트코인 시장이 나스닥 시장을 이끈다는 말이 나올 정도로 나스닥과 비슷한 움직임을 보여 주고 있다. 2024년 비트코인 ETF가 상장된 이후부터는 오히려 비트코인 시장이 앞서서 움직이고 있다. 심지어 미국 시장 오픈 전에 비트코인 시장이 가장 활발하게 움직이는 모습을 보여 주며 비트코인이 상승세를 이어 가면서 나스닥 시장도 강한 모습을 보여 주고 있다.

비트코인이 어떤 이유로 만들어졌든, 어떻게 만들어졌든 간에 이제는 새로운 투자 상품의 하나로 인정을 해야 한다. 시대가 많이 변화하고 있기 때문이다. 비트코인 ETF를 상장하려면 많은 준비가 필요하다. 운용사가 만들기만 하면 되는 것이 아니라 증권사가 호가를 제출해야 하고 수탁은행이 비트코인을 처리할 수 있는 시스템이 되어야 한다. 비트코인 ETF가 상장된다면 우리나라의 변동성을 좋아하는 투자자들 때문에 비트코인 시장이 한 계단 더 올라갈 수도 있을 것이라 기대한다.

2

ETF 투자 시 절대로 하면
안 되는 행동

동시호가에 대량 주문 넣기

국내에 상장된 ETF는 모두 LP라는 유동성 공급자를 1개 이상 가지고 있다. 즉 ETF를 매매할 때 매수호가와 매도호가를 반드시 제공한다는 말이다. 거래소에서는 ETF 활성화를 위하여 ETF LP 평가를 분기마다 하고, 그 결과를 공개하고 있다.

2025년 3/4분기 ETF LP 평가		
등급	LP명	합계
A	다올, 부국	2
B	현대차, 신한, 하나, 키움, SK, 엘에스, 신영, 유진, 미래에셋, 한국, NH, BNK, 대신, 메리츠, 유안타, 교보, DB, KB, 한화, iM, IBK, 삼성	22
C	에스지	1

2025. 11. 28. 기준, KRX

2025년 3/4분기 평가 결과를 보면 F등급을 받은 LP증권사는 없다. F등급을 연속해서 받게 되면 거래소는 운용사에게 LP 교체를 요구할 수 있다.

여기서 LP의 의무가 중요하다. LP는 단일 가격에 의한 개별 경쟁 매매 시간(시가 결정 시 08:00~09:00, 종가 결정 시 15:20~15:30)과 단일가 매매 종료 후 5분이 경과하지 않은 경우에는 호가를 제출하지 않아도 된다. 즉 유동성 공급호가 제출 시간은 09:10~15:20이다.

물론 단일가 매매 시간에 LP가 자발적으로 호가를 제출하는 것은 가능하며, 오후 단일가 매매 시간에는 매수·매도 양방향 호가를 제출해야만 종가 괴리율 준수 의무(국내형 3%, 해외형 6% 이내)를 지킬 수 있다. 즉 만약 오전 또는 오후 동시호가에 대량으로 매수 또는 매도 주문하게 되면 유동성이 적은 ETF는 상한가 또는 하한가를 갈 수 있다. 이런 경우가 꽤 많으니 조심해야 한다. 물론 오전 동시호가에 넣었던 물량은 9시 10분이 되면 LP가 유동성 호가를 공급하자마자 NAV(순자산가치) 부근으로 내려오게 된다.

실제로 LP들은 의무시간이 아니더라도 호가를 제공하기도 한다. 그러나 의무 제출 시간이 아닌 시간에는 대량 주문을 피하는 것이 좋다. 특히 요즘에는 증권사 HTS에서 ETF 현재가 화면에 LP호가가 나왔는지 파악할 수 있다. 반드시 LP호가가 제대로 제공되는지 확인한 후에 매매해야 한다. 그러지 않았다가는 바로 큰 손실이 발생할 수 있다. 동시호가에 주문하려면 반드시 지정가로 하는 것을 추천한다.

변동성이 큰 시장에서 시장가로 주문하기

시장이 크게 움직이기 시작하면 투자자들은 마음이 급해지게 마련이

ACE 레버리지 ETF 현재가

다. 성격 급한 투자자들은 실제로 LP호가를 제공함에도 불구하고 시장이 상승할 때는 매도 1호가뿐만 아니라 2호가, 3호가까지 한꺼번에 매수하는 경우가 있다.

예를 들어 보자. 위의 그림에서 ACE레버리지 ETF의 10호가를 볼 수 있다. 종가에 끝난 가격이기 때문에 실제로 장중에는 틀릴 수 있지만, 매도 1호가에서 10호가까지 전부 더해도 1만 주가 채 되지 않는다. 즉 가격이 16,000원이라고 하면 1,600만 원 정도만 있으면 10호가를 전부 올려서 가격을 16,440원에서 16,600원까지 상승시킬 수 있다. 이럴 때 가격을 지정하여 16,440원에 넣는다면 LP호가가 자동으로 공급되어 시장이 아주 크게 급변하지만 않는다면 순식간에 1만 주가 넘는 수량이 체결될 수 있다.

(제7장. ETF 구조와 작동 원리 : 수익과 위험의 본질을 읽다 참조)

만약 시장이 하락하고 있다면 더 급할 수 있다. 예를 들어, 미국 시장에 5% 넘는 급락이 왔다고 가정하면 우리나라 시장은 시작하자마자 급락할 수 있다. 시장 상황이 계속 안 좋다고 생각된다면 투매가 나올 수도 있다. 레버리지 ETF처럼 시장이 5% 하락하면 2배인 10%로 하락할 수 있기 때문에 마음이 급한 투자자들은 시장가 매도를 넣기도 한다.

이렇게 시장 급락이 예상되어 급하게 팔려고 할 때에도 시장가 매도 주문이 아닌 매수 2호가, 3호가로 반드시 지정가 주문을 넣어야 한다. 만약 그렇지 않고 시장가 매도를 넣는다면 유동성이 부족한 종목들은 순식간에 하한가를 만들 수도 있다.

레버리지/인버스 ETF로 적립식 투자하기

투자 전략 중에서 가장 효과적인 것 중의 하나가 적립식 투자이다(제4장. ETF로 수익을 만드는 투자 전략 참조). 여기서 중요한 것은 레버리지와 인버스 레버리지, 인버스 ETF는 적립식으로 하지 않아야 한다. 매일매일 지속적으로 올라가는 시장이라면 충분히 레버리지 ETF로 적립식도 가능하겠지만, 횡보하거나 급등락만 반복하는 지루한 시장이 온다면 손실이 날 수 있기 때문이다. 앞에서 언급한 레버리지와 인버스 ETF의 주의점을 이해했다면 왜 하면 안 되는지를 충분히 알 수 있을 것이다.

실제로 레버리지를 적립식으로 투자하는 분들을 많이 보았다. 시장이 극단적으로 계속 상승하는 시장이 아니라면 레버리지로 적립식으로 투자하면 원하는 수익률을 얻지 못할 수도 있다.

대출을 활용해 레버리지 투자하기

레버리지를 대출 혹은 마진을 써서 장기 투자해서는 안 된다. 즉 돈을 빌려서 레버리지 ETF를 장기 투자하면 안 된다는 것이다. 대출까지 받아서 투자한다면 레버리지 ETF의 위험성을 알았다 하더라도 쉽게 빠져나오지 못하고 장기 투자할 경우가 많아지게 되기 때문이다. 레버리지는 2배면 충분하다.

상장폐지 위험이 있는 ETF 매수하기

거래소의 상장폐지 규정 중에 신탁원본액(자본금) 및 순자산총액 50억 원 미만 사유로 관리종목으로 지정된 상태에서 다음 반기말에도 해당 사유가 계속되는 경우가 있다. 만약 순자산이 50억 원 미만으로 된 ETF가 있다면 상장폐지될 위험성이 있기 때문에 매매를 피하는 것이 좋다. 상장폐지된다고 해서 휴지조각이 되는 것은 아니지만 굳이 상장폐지될지도 모르는 ETF를 매매할 필요는 없다. 그리고 다른 여타의 사유로 관리종목으로 지정된다면 거래를 피해야 한다.

거래량이 너무 없는 ETF도 피하는 것이 좋다. LP호가가 있다면 매매될 수 있지만 매매하면서 매매호가와 순자산의 괴리율이 클 수 있기 때문이다. 같은 기초지수를 추종하는 ETF라면 가급적 거래량이 많은 것으로 투자해야 한다.

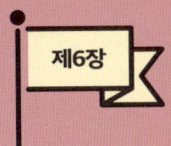

제6장

ETF 세금,
이것만 알면
충분하다

1
국내 투자 ETF 세금

대주주 세금 기준을 50억 원에서 10억 원으로 내리게 된다는 소식이 들려오자마자 시장은 요동쳤다. 새로운 대통령이 선출되고 연일 오르던 증시는 빠질 때가 되어서 빠졌던 것인지, 세제 개편안 때문이었는지 정확히 알 수는 없지만, 3,250포인트를 넘나들던 코스피 지수가 2025년 8월 1일에 3,200포인트를 하향 돌파했다.

"뭐야? 시장이 왜 난리야?"

"뭐 때문에 이러는 건데?"

코스피 시장, 코스닥 시장 할 것 없이 온통 파란색으로 물들어 갔다.

"아~ 이거네, 이거."

누군가 큰 소리로 말했다.

"대주주 양도소득세 기준 강화. 이제 한 종목당 10억 원만 소유해도 대주주로 분리되어 양도세 대상이 된대."

"우리나라에 한 종목에 10억 원 이상 들고 있는 투자자가 이렇게 많은 거야?"

"증권거래세율도 인상한대. 2026년부터는 코스피, 코스닥 증권거래세율이 0.15%에서 0.20%로 인상된다네."

"주식 시장 5,000포인트 간다더니 찬물을 끼얹었네."

"그럼 주식을 매매하면 세금이 정확히 어떻게 된다는 거야?"

국내 주식 시장별 증권거래세율(농어촌특별세 포함)		
시장	증권거래세율(2025년)	개편안(2026년)
코스피	0.15%	0.20%
코스닥	0.15%.	0.20%

"그럼 주식 매도할 때 0.05% 더 세금을 내야 하는 거네."

"어차피 원천징수하는데 그 정도 더 내도 잘 모를걸."

원천징수란?
매번 직접 세금을 신고하고 내는 게 번거로우니 증권사가 세금을 먼저 떼어가는 것을 말한다. 매도하면 세금을 뺀 이익금이 증권사 시스템으로 자동으로 입금된다.

"세금 때문이라도 시장이 빠질 만했네."

"그럼 ETF는?"

"ETF는 국내 주식형은 비과세야. 세금 없어."

"그건 안 바뀐 거야."

"그럼 그냥 ETF 하면 되겠네!"

"그런데 대주주 10억 원은? ETF 한 종목을 10억 원 이상 들고 있으면 대주주가 되나?"

> ETF는 운용사가 주주의 권한을 가지고 있다.
> 주주총회 의결권은 운용사에 귀속된다.

"아니야. ETF는 펀드이기 때문에 해당 사항이 없어."

"좋네. 계속 ETF 투자만 하면 되겠네!"

"국내 투자한다고 전부 다 비과세인 것은 아니야."

"비과세가 아닌 것도 있어?"

"우선 이름 뒤에 액티브라고 붙은 것은 배당소득세, 즉 보유기간 과세가 있어."

"액티브 ETF, 액티브 펀드처럼 매니저가 공격적으로 매매하는 것 말이지?"

"맞아. 그렇지만 국내 주식에만 주로 투자하는 액티브 ETF에는 세금이 거의 없을 거야."

"보유기간 과세는 과표기준가 증분을 봐야 하는데 과표기준가가 거의 변함이 없거든. 그렇다면 이익을 많이 냈다고 해도 과표기준가 변동이 작다면 세금이 없겠지."

보유기간 과세 = 과표기준가 증분 or 매매 차익분 중 작은 것에 15.4% 과세

HANARO 바이오코리아 액티브ETF 과표기준가 증분				
기준일자	종가	대비	과표기준가	증분
9/2	12,530	+235	9,839.790	-
9/3	12,775	+245	9,839.610	-0.2
9/4	12,990	+125	9,839.430	-0.3
9/5	13,210	+310	9,839.250	-0.2
9/8	13,350	+140	9,838.690	-0.5

단위 : 원   출처 : KB증권

"HANARO바이오코리아액티브 ETF 같은 경우를 봐. 2025년 9월 2일부터 매일 종가가 올라가면서 수익이 나고 있지만, 과표기준가는 아주 조금씩 내려가는 모습이야. 그렇다면 둘 중에 작은 것은 과표기준가이기 때문에 세금은 0이 되는 것이지."

"그렇구나. 국내 주식형은 비록 액티브 ETF라고 해도 세금을 거의 내지 않는구나."

"그렇게 생각하면 돼. 보유기간 과세로 적용이 된다고 하지만 말이야."

"레버리지 또는 인버스 ETF도 보유기간 과세가 적용되던데 이것도 세금이 많지 않다고 보면 되지?"

"맞아. 국내에 투자하는 ETF 구성 종목이 주식 이외의 파생상품, 즉 선물이나 옵션 등에 투자하게 되면 보유기간 과세가 되지. ETF 이름에 '선

물', '레버리지', '인버스', '커버드콜' 등이 들어가면 과세를 한다고 생각하면 돼. 요즘 유행하는 커버드콜 ETF의 과표기준가의 변동을 한 번 볼까?"

RISE200위클리커버드콜액티브 ETF 과표기준가 증분				
기준일자	종가	대비	과표기준가	증분
9/2	9,205	+60	10,237.090	-
9/3	9,235	+30	10,237.020	-0.07
9/4	9,250	+15	10,237.280	+0.26
9/5	9,275	+25	10,237.240	-0.02
9/8	9,310	+35	10,237.010	-0.23

단위 : 원

출처 : KB증권

"RISE200위클리커버드콜액티브 ETF 같은 경우를 보면 주가는 계속 올라왔지만 과표기준가는 거의 빠지거나 증분이 크지 않아. 현금 배당을 받을 경우에만 배당소득세를 낸다고 생각하면 돼. 시장이 오르거나 내리면서 이익 나는 것에 대해서는 세금을 거의 내지 않는다고 생각하면 돼."

"그럼 채권형 ETF는 세금을 어떻게 내?"

"국내 채권에 투자하는 모든 ETF도 배당소득세, 즉 보유기간 과세야."

"그렇구나. 그렇다면 과표기준가는 어디서 볼 수 있는 거야?"

"과표기준가는 HTS에 보면 나오는데 찾기 어려울 수도 있어. 귀찮을 수도 있고…. 매도하면 세금이 딱 얼마라고 나오면 좋은데 말이야. 그냥 국내 채권 투자 ETF의 경우는 그냥 세금이 나올 수 있다고 생각하면 돼. 내가 이익 낸 이익금보다 더 많이 나올 일은 없으니깐 말이지. 과표기준

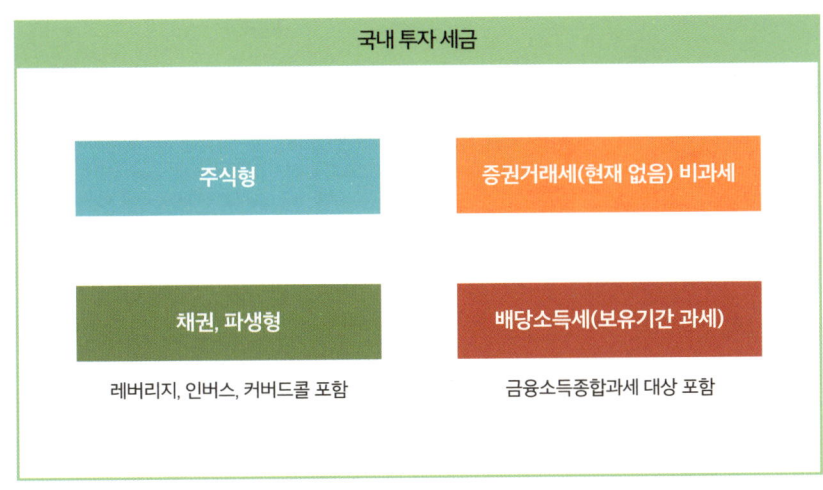

국내 투자 세금

주식형

증권거래세(현재 없음) 비과세

채권, 파생형

배당소득세(보유기간 과세)

레버리지, 인버스, 커버드콜 포함

금융소득종합과세 대상 포함

가 증분이나 매매 차익분 둘 중에서 작은 것이니까 말이야."

"배당소득세를 내게 되면 금융소득종합과세 대상에 포함된다는 것 도 잊지 마."

"금융소득종합 과세는 뭐야?"

"나는 해당되지 않지만 꽤 많은 분이 종합소득 과세를 적용받아. 일단 금융소득이란 이자소득+배당소득을 말해."

"이자소득이란 은행·증권회사·보험회사·우체국 등에서 받는 예금·적 금·예탁금 등의 이자를 말하고, 배당소득이란 주식 및 출자금에서 발생 하는 이익 또는 분배금을 말하지."

"그건 간단해서 이해하기 쉽네."

"금융소득종합과세는 금융소득이 개인별로 연간 2,000만 원을 초과하 는 경우는 다른 종합소득과 합산하여 누진세율을 적용하는 제도를 말해."

"금융소득이 2,000만 원 이하면 원천징수되는 것으로 끝나는데 금융

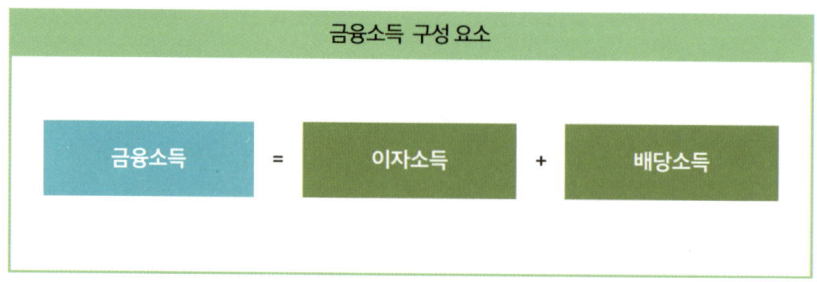

금융소득 구성 요소

금융소득 = 이자소득 + 배당소득

소득종합과세로 들어가면 구간에 따라 세율을 6~45%까지 적용받게 돼."

"2,000만 원이 넘게 금융소득을 낸 적이 없으니 전혀 신경 안 써도 되 겠네."

"그런데 해외에 투자하는 ETF로 이익을 많이 내게 되면 충분히 가능 하니 꼭 체크해 봐."

2
해외 투자 ETF 세금

중국 시장이 우리나라 시장보다 주가가 훨씬 많이 오르던 시기인 2012 년 11월 29일에 KINDEX(ACE)중국본토CSI300 ETF를 국내 최초로 상 장했다. 그 전까지는 홍콩에 투자하던 ETF가 전부였는데, 중국 본토에 투자하는 상품은 이것이 처음이었다.

중국 본토에 투자하려면 조건이 굉장히 까다롭다. 예를 들어, 중국 본 토 펀드에 투자하면 1달에 두 번밖에 인출이 안 돼서 매도하고 15일이나 지나야 돈을 찾을 수 있다. 하지만 ETF는 전부 T+2일 결제일이기 때문 에 ETF를 매매하게 되면 기간을 많이 단축할 수 있다. 이 때문에 다른 운 용사들도 앞 다투어 중국본토 ETF를 상장했다.

2014년 5월 10,350원을 찍은 중국본토 ETF는 28,725원까지 상승했다. 상장 이후에 계속 상승하여 거의 3배 가까이 수익이 난 것이다.

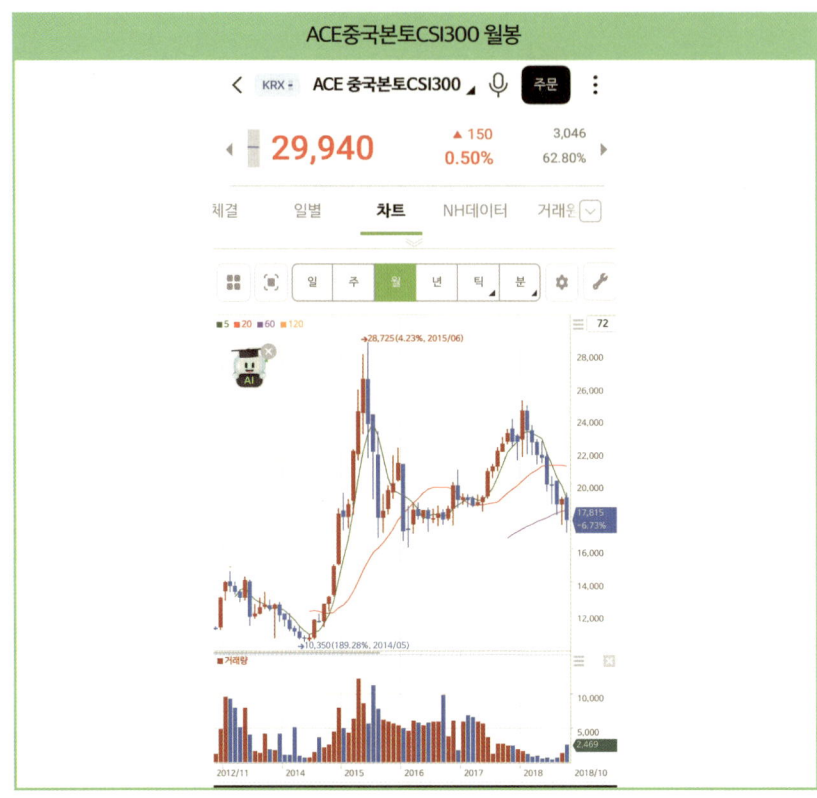

ACE중국본토CSI300 월봉

출처 : Namuh 증권

"여보세요? 거기 중국본토 ETF 만든 곳이죠? 저 어떡하면 좋아요?"

"고객님. 무슨 말씀이신가요?"

보통 일반고객이 운용사까지 전화해서 문의하는 경우가 없는데, 워낙 문의사항이 많아서 증권사에서 운용사로 전화를 돌린 것 같았다.

"제가 중국본토 ETF에 투자했는데요. 그게 10억 원이 됐어요."

"축하드립니다. 성공하셨네요."

"그게 아니고 이 ETF를 팔면 세금을 내고 이익금이 2,000만 원이 넘으면 종합소득 과세에 들어간다고 들었어요. 그게 맞나요?"

"네. 맞습니다."

"그럼 금융종합소득 과세에 안 들어가게 하는 방법은 없을까요?"

"어렵지만 어떤 방법이 있을지 한 번 알아보겠습니다."

이 투자자는 매매 이익이 2,000만 원 초과가 되면서 이익을 실현하려고 매도하게 되면 금융소득종합과세에 적용되기 때문에 고민인 것이었다.

세금을 안 내는 방법이 있을까? 이익이 났는데 세금을 안 낸다는 것은 사실 어려운 일이다. 결국 그 투자자는 여기저기 알아보고 자식에게 증여하는 방법으로 처리했다고 한다. 증여 시 기본공제되는 금액이 있으니 이용한다면 세금을 줄일 수 있는 방법이긴 하다.

해외에 투자하는 ETF의 경우 매매의 이익금은 과세 대상이 된다. 국내에 상장된 ETF 1,006개 중에 해외형 ETF는 464종목이다(2025년 7월 말 기준, KRX). 미국에 투자하는 ETF가 제일 많고, 그다음은 중국이다. 그 밖에 일본, 베트남, 유럽, 필리핀 등 다양한 해외 주식 및 채권에 투자하는 ETF가 상장되어 있다.

원래는 ETF 이름으로 국내에 투자하는지, 해외에 투자하는지 쉽게 알 수 있었다. 그런데 최근에 글로벌이란 단어가 들어가지만 국내 주식에만 투자하는 이름의 ETF도 상장되어 있다. 그래서 이름만 가지고 확인되지 않을 경우에는 반드시 구성 종목까지 살펴보면서 투자해야 한다. 결국 그 고객은 세금을 내는 것보다 차라리 자녀에게 증여하는 방법을 택했다고 한다.

이름이 해외 투자형 같지만 실제로는 국내 주식에 투자하는 ETF도 있다. 예를 들어, 'TIGER 중국 소비 테마(중국인이 소비하는 국내 기업에 투자)',

'WON K-글로벌 수급 상위(외국인의 매수가 많은 국내 주식에 투자)'ETF다.

ETF의 기초지수를 하나하나 살펴보면서 어떤 종목에 투자하는지 파악해도 되지만 세금 여부를 파악하기에는 구성 종목을 보는 것이 훨씬 빠르다.

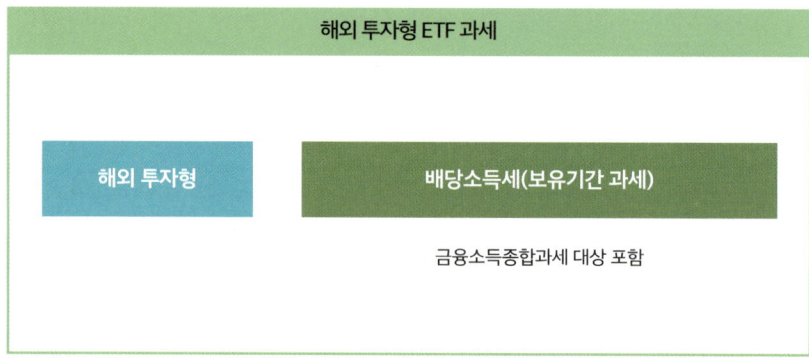

"해외에 투자하는 ETF를 매매해서 이익 나는 것은 좋은데 세금을 내는 게 영 싫네."

"요즘 미국에 투자하는 ETF로 수익이 좀 많이 났다더니 세금이 걱정돼?"

"45% 정도 수익이 났는데, 너무 아쉬워서 말이지."

"뭐가 아쉬운데?"

"내가 작년에 중국 ETF에 투자했다가 손실이 어마어마하게 났거든. 미국 ETF로 그나마 손실 회복했는데, 세금을 꼭 떼 가야 하는 거야?"

"이익 나면 세금을 내야지. 손실일 때는 안 내도 되고…."

"국내 상장된 것이 아니고 해외에 상장된 ETF를 매매하면 손실 난 것

좀 보충이 된다는데?"

"맞아. 해외에 직접 상장된 ETF를 매매하면 보유기간 과세가 아니라 양도소득세야."

"양도세득세는 1년 동안 손실과 이익을 정산해서 1년에 한 번 세금 신고를 하게 되는데 세금은 22%야."

"그럼 국내 상장된 것보다 세금을 더 많이 떼는데?"

"근데 해외 상장 ETF는 양도소득세 22%를 떼고 끝이야. 종합소득세에는 해당되지 않아."

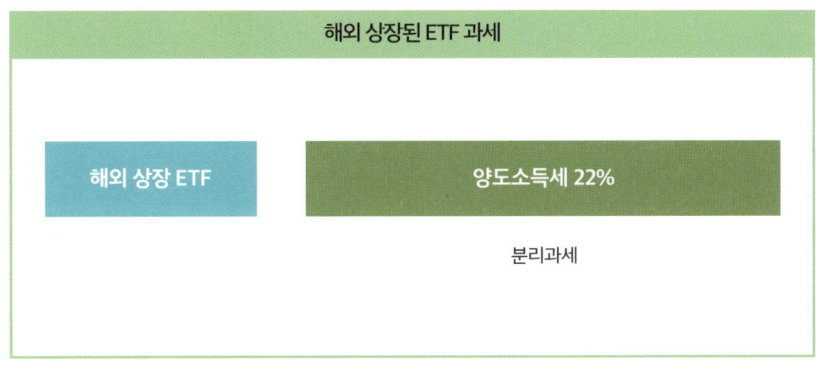

"그렇다면 돈이 많은 사람은 금융종합소득 과세에 안 들어가려면 전부 해외에 상장된 ETF에 투자하는 게 좋겠네."

"맞아. 바로 그 점 때문에 국내 ETF 운용사들이 세제를 개편해 달라고 요구하는 거야. 돈 많은 사람이 해외 ETF에 투자를 하니 말이야."

3

분배금 세금의
실제

"분배금에 대한 세금은 어떻게 돼?"

"배당금이라 안 하고 분배금이라고 하는 것 보니 ETF 전문투자자가다 됐네."

"주식 투자할 때 받는 것은 배당이고, ETF는 여러 종목에 투자하니 ETF 안에서 배당을 받았다가 한꺼번에 모아서 주는 것을 분배해 준다고 해서 분배금이라고 해. 결국 배당을 주는 것이니 배당소득세를 내야되는 거야."

"그래서 분배금은 15.4%의 배당세를 내지."

"국내 주식에 투자하다가 배당받을 때와 똑같은 세금을 낸다고 생각하면 돼."

"배당세도 원천징수가 되니 증권사에서 세금을 빼고 계좌에 입금된다고 보면 되지."

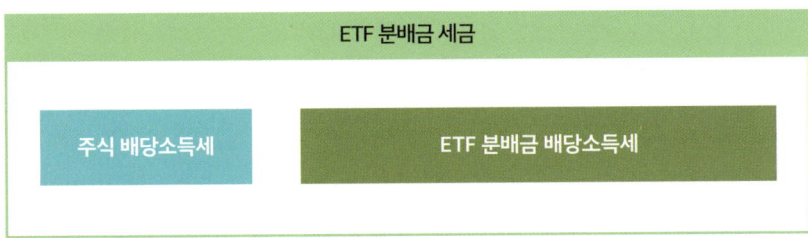

ETF 분배금 세금	
주식 배당소득세	ETF 분배금 배당소득세

"그래. 주식 투자하다가 배당이 나오면 세금 내듯이 ETF도 분배금 받으면 세금 낸다는 거지. 알겠어. 그런데 분배금 기준일이니 지급일이니 복잡하던데 언제까지 가지고 있어야 분배금을 받는 거야?"

분배금 관련 일자	
분배락 전일	결제일(T+2) 고려하여 장 마감 전까지 매수해야 함
분배락일	개장 전 ETF NAV에 분배금만큼 하락 반영
분배금 지급 기준일	1, 4, 7, 9월 혹은 매월 마지막 영업일 혹은 15일
분배금 지급 예정일	지급기준일+2영업일 증권사 계좌로 지급

"복잡할 것 없어. 그냥 분배락 전일까지 매수하면 돼."

"예전에는 보통 주식 배당이 나오면 받아서 한꺼번에 분배금을 준다고 4월 말을 분배금 기준일으로 해서 1년에 한 번 주곤 했어. 하지만 지금은 월배당 ETF가 나오면서 매달 말까지 ETF를 가지고 있으면 분배금을 받을 수 있어."

"만약 3월 분배금을 받으려고 할 때 3월 31일이 월요일이라면 3월 31일까지 ETF를 가지고 있어야 하니 3월 27일, 즉 목요일까지 사야 하네. 주식은 T+2일 결제니 말이야. 간단하게 말해 분배금을 받으려면 말일 전전일까지 매수하는 것으로 해야겠네."

"굿, 간단히 정리 잘했네."

"요즘 월배당 ETF가 많아져서 매달 배당을 받는 게 쏠쏠하더라고…"

"맞아. 국내형이든 해외형이든 이제 배당을 월로 받아서 생활하려는 사람들에게는 딱 좋은 상품이지. 근데 지난번에 증권사에서 과세를 두 번 해서 문제가 된 적이 있었어."

"그건 뭔데?"

"예를 들어 미국 주식에 투자하게 되면 ETF가 배당금을 받을 때 세금을 떼고 받거든. 그러면 그것을 분배해 줄 때에는 원천징수를 안 해도 된다는 것이지. 이미 미국에서 세금을 땠기 때문이지. 만약 미국에서도 세금을 내고 국내에도 또 세금을 낸다면 이중과세가 된다는 거야. 한미조세협약에 따라서 한 번만 세금을 내는 것으로 한다는 것이야."

"국내형 ETF에서 나오는 분배금은 국내증권사에서 원천징수하기 때문에 크게 신경 쓸 일이 없지만, 해외형 ETF들은 혹시 분배금에 또 어떻게 과세가 되는지 여부를 확인해 볼 필요가 있어."

4

ETF
절세 전략

"세금을 줄이는 방법이 있긴 하지."

"그게 뭔데? ETF 투자하면서 세금을 줄이는 방법이 있어?"

"첫째, ISA 계좌를 터서 매매하는 것이야."

ISA(개인종합자산관리계좌, Individual Savings Account)

가입자가 계좌에 예금, 펀드, ELS, ETF 등 다양한 금융 상품에 선택하여 통합 관리

19세 이상 거주라라면 소득과 무관하게 가입 가능

모든 금융사를 통틀어 1인계좌만 만들 수 있음

의무 가입은 3년, 연장 가능

연간 2,000만 원 한도(총 1억 원, 이월 가능)

비과세한도 200만 원(서민형 400만 원)

초과분에는 일반세율 15.4% 아닌 9.9% 낮은 세율 적용

"특히 해외형 ETF에 투자하는 사람이라면 무조건 만들어야 해. 예를 들어, 일반 계좌에서 ETF를 매매해서 이익금이 1,000만 원이라면 15.4%의 세금(154만 원)을 떼고 846만 원을 받게 돼. 그런데 ISA 계좌를 쓰면 200만 원 비과세 혜택이 있으니 800만 원에 대해서만 9.9% 떼서 세금은 약 79만 원이고, 920만 원을 받으니 약 74만 원의 세금을 절약하는 셈이 되는 것이지."

"74만 원? 당장 가서 만들어야겠네."

"맞아. 해외형 ETF에 투자하는 투자자는 무조건 만들어야 해."

"고마워. 1인 1계좌이니 아내 거하고 내 거하고 만들어야겠네."

"또 하나 세금을 절약하는 방법이 있는데 연금저축 또는 퇴직연금 계좌에서 매매하는 거야."

"퇴직연금 계좌를 이용하라고? 그럼 내가 원할 때 찾지 못하잖아."

"그런 면은 있지. 그런데 퇴직연금 계좌에서 투자하면 분배금이 입금될 때 배당소득세가 과세되지 않고, 연금을 수령하는 시점에서 연금소득세로 보통 3~5%의 세금을 내면 돼."

"응. 확실하게 연금저축, 퇴직연금 계좌에서 투자하면 세금을 줄일 수 있겠네."

"연금저축 계좌는 주식형 상품을 100%, 퇴직연금 계좌는 70%만 투자할 수 있으니 그것도 고려하면서 계좌를 만들도록 해."

"ISA 계좌에서는 국내형 ETF보다는 해외형 ETF가 더 매매할 때 유리하지. 그리고 국내 ETF 매매이익과 해외 ETF 매매이익은 손실 통산이 안 된다고 하니 참고해."

연금저축 계좌

소득, 연령과 관계없이 누구나 가입 가능

연간 600만 원 한도

납입금액의 16.5~13.2% 세액 공제

연간 1,800만 원까지 납입 가능(IRP와 합산)

중도 인출이 가능하고 해지 시 세금 부과

+

개인형 퇴직연금(IRP : Individaul Retirement Pension) 계좌

소득이 있는 근로자, 자영업자만 가입 가능

특별 사유 외에는 원칙적으로 인출 불가

연간 1,800만 원까지 납입 가능

세액 공제 최대 900만 원 한도

"결론은 2가지 모두 가입해서 세금 절약에 활용하면 좋아. 무엇보다도 연금저축 계좌는 위험자산을 100% 투자할 수 있고, 개인형 퇴직연금 계좌 IRP에는 70%까지 투자할 수 있다는 것을 잊지 마."

"참고로 증권사 CFD(Contract for Difference) 안심계좌로 거래하게 되면 특히 해외 상장된 ETF를 거래할 때 양도소득세 22%를 내는데 CFD 계좌를 활용하면 50% 절세되어서 11%만 내면 되는 것도 있어."

"오, 그럼 나도 그거 해 봐야겠네."

"그런데 전문투자자 요건이 있기 때문에 증권사에 확인해 봐야 해. 모든 증권사가 하는 것은 아니고 유진, 교보, 메리츠 증권 등에서 할 수 있어. 해외 투자를 많이 하는 사람이라면 세금 절약에 큰 도움이 될 거야."

제7장

ETF 구조와 작동 원리
: 수익과 위험의
본질을 읽다

1

ETF
핵심 용어

기본적인 ETF 내용에 대해서는 익혔으니 이제부터는 ETF와 관련된 보다 심도 깊은 내용을 알아보자. 심화 학습에 들어가기 전에 먼저 용어를 알아야 한다.

가장 중요한 용어는 PDF(Portfolio Deposit File)와 CU(Creat Unit)이다. PDF는 ETF의 구성 종목이라는 것으로 가장 중요하다. 보통 표현할 때 1CU 단위로 구성 종목을 나타낸다. CU는 ETF를 설정하고 환매할 때 쓰는 단위인데 나중에 자세히 설명하겠다.

먼저 PDF를 이해하기 위해 HANARO K-뷰티 ETF의 예를 보자.

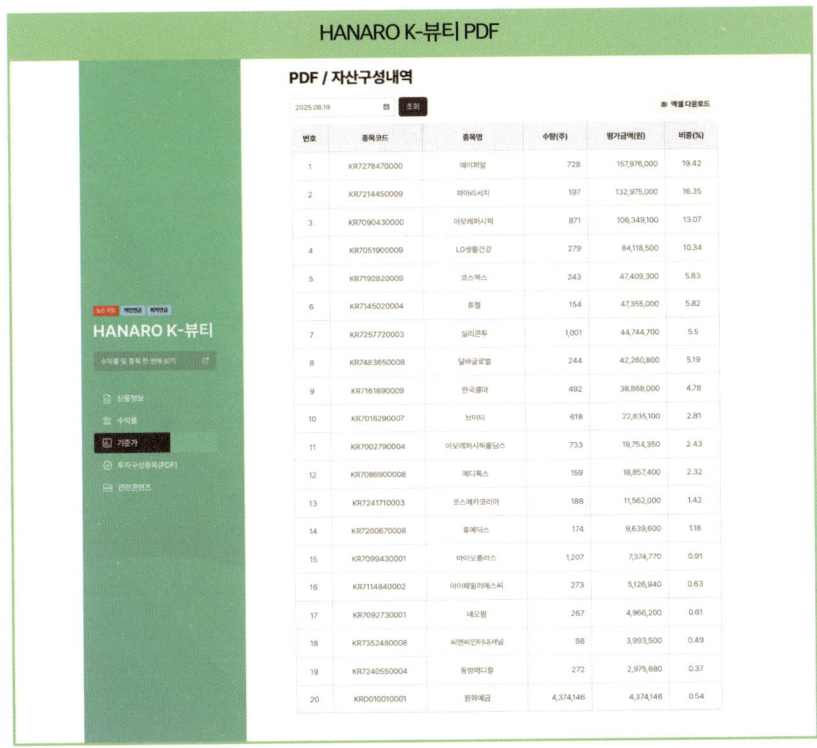

出처 : NH-Amundi 자산운용

에이피알이 가장 많은 비중인 19.42%를 차지하며, 수량은 728주, 평가 금액은 1억 5,000만 원 정도 된다. 이걸 보면 그냥 뷰티 ETF 전체에 728주가 있는 것인지 헷갈릴 수 있다. 따로 이야기가 없기 때문이다. 이것은 바로 1CU 단위 안에 있는 종목수량을 말하는 것이다. 홈페이지에 가면 설정좌수가 표시되어 있는데, 바로 1CU= 50,000주를 말하는 것이다.

HANARO K-뷰티 1CU = 16,269원(NAV 가격) × 50,000주 = 813,450,000원

이렇게 되는 것이다. 앞의 PDF를 보면 에이피알 종목이 1억 5,000만 원 정도 차지하고 있으니 정확하게 19.4%의 비중인 것이다.

여기서 ETF에서 아주 중요한 NAV도 알아보자.

NAV = Net Asset Value(순자산가치)

iNAV = indicative Net Asset Value(실시간 순자산가치)

ETF는 말 그대로 펀드이다. 펀드는 기준가를 가진다. 기준가란 펀드가 실질적으로 가지고 있는 가치를 표시하는 것이다. 예를 들어, 기준가 1,000원에 펀드를 매수했는데 기준가가 1,100원이 되었다면 펀드 이익이 10% 난 것이다.

그것과 마찬가지로 ETF도 기준가가 있으며 NAV라고 부른다. 그렇다면 현재가와 NAV 가격이 어떤 차이인지 궁금할 것이다. ETF는 NAV에 따라서 현재가가 바뀐다. NAV가 오르면 현재가가 오르고 NAV(순자산가치)가 내리면 현재가가 내려온다.

그렇다면 ETF 현재가와 NAV가 다르면 어떻게 될까?

K-뷰티 현재가 NAV괴리율

위 ETF에서 현재가는 15,900원, NAV는 15,892.96원, 괴리율은 0.04 이다. 이는 순자산보다 현재 거래되는 가격이 +0.04% 상승되어 거래되고 있다는 뜻이다.

ETF의 현재가가 있고, 실시간으로 iNAV까지 표시되고, 괴리율도 볼 수 있다. 이것이 바로 ETF의 현재가와 iNAV가 얼마나 차이 나는지를 표시해 주는 것이다.

(ETF 현재가 - iNAV) / iNAV × 100 = 괴리율(%)

괴리율이 '+'라는 것은 순자산가치보다 높게 평가되어서 거래되고 있다는 것이고, '-'라는 것은 순자산가치보다 낮게 평가되고 있다는 것이다. 그러면 저평가 때 사서 고평가 때 팔면 더 이익이 나는 것이라고 생각할 수 있다. 맞다. 그런데 실제로 괴리율은 쉽게 고평가, 저평가가 나지 않는다. 그 이유가 무엇일까?

바로 ETF LP(Liquidity Provider : 유동성 공급자)가 유동성을 공급해 주기 때문이다. 유동성을 공급해 주는 곳은 바로 증권사이다. 그래서 LP증권사라고 부른다. 모든 ETF는 상장할 때 LP증권사를 한 곳 이상 지정하게 되어있다. 그렇지 않으면 상장되자마자 매매가 안 된다. 누군가는 매도호가를 먼저 넣어야 하기 때문이다. 가끔 개인투자자들이 신규 상장하자마자 기관에 매도를 많이 한다고 악재가 있어서 파는 것 아니냐는 식으로 말하는 것을 들은 적이 있다. 그런데 기관투자자들 중에 증권사 LP가 포함되어 있기 때문에 기관 매도 물량은 처음에 상장되고 LP증권사가 매도호가를 내 주는 역할을 하는 것이다.

증권사는 설정이란 과정을 통해서 ETF를 가지게 된다. 설정 및 환매를 할 수 있는 증권사를 AP(Authorized Particpants : 지정참가회사)라고 한다. AP란 ETF를 설정/환매할 수 있는 자격을 가진 증권사이다. LP로서 유동성 공급을 하려면 당연히 운용사에 AP로 등록되어 있어야 한다. 즉 LP=AP의 개념으로 쓰이고 있다.

LP(유동성 공급자) ⊂ AP(지정참가회사)

2

ETF 설정과
환매 구조

　'설정(Creation)'은 발행 시장에서 주식들을 모아서 ETF로 만드는 과정을 말한다. 증권사 계좌에서 구성 종목(PDF) 1CU에 해당하는 종목들을 그대로 가지고 있고, 운용사 설정 신청을 하면 1CU에 해당하는 종목들이 T+2일 되는 날 ETF 1CU=50,000주로 바뀐다. 이 과정을 설정이라고 한다. 예를 들어, 앞의 K-뷰티 ETF 종목들에서 에이피알부터 동방메티칼까지 전부 가지고 있고, 설정 신청을 하면 K-뷰티 5만 주로 만들어지는 것이다. 반대로 ETF 5만 주가 있고, 환매 신청을 하면 T+2일에 주식으로 바뀌게 된다. 이것을 '환매(Redemption)'라고 한다.

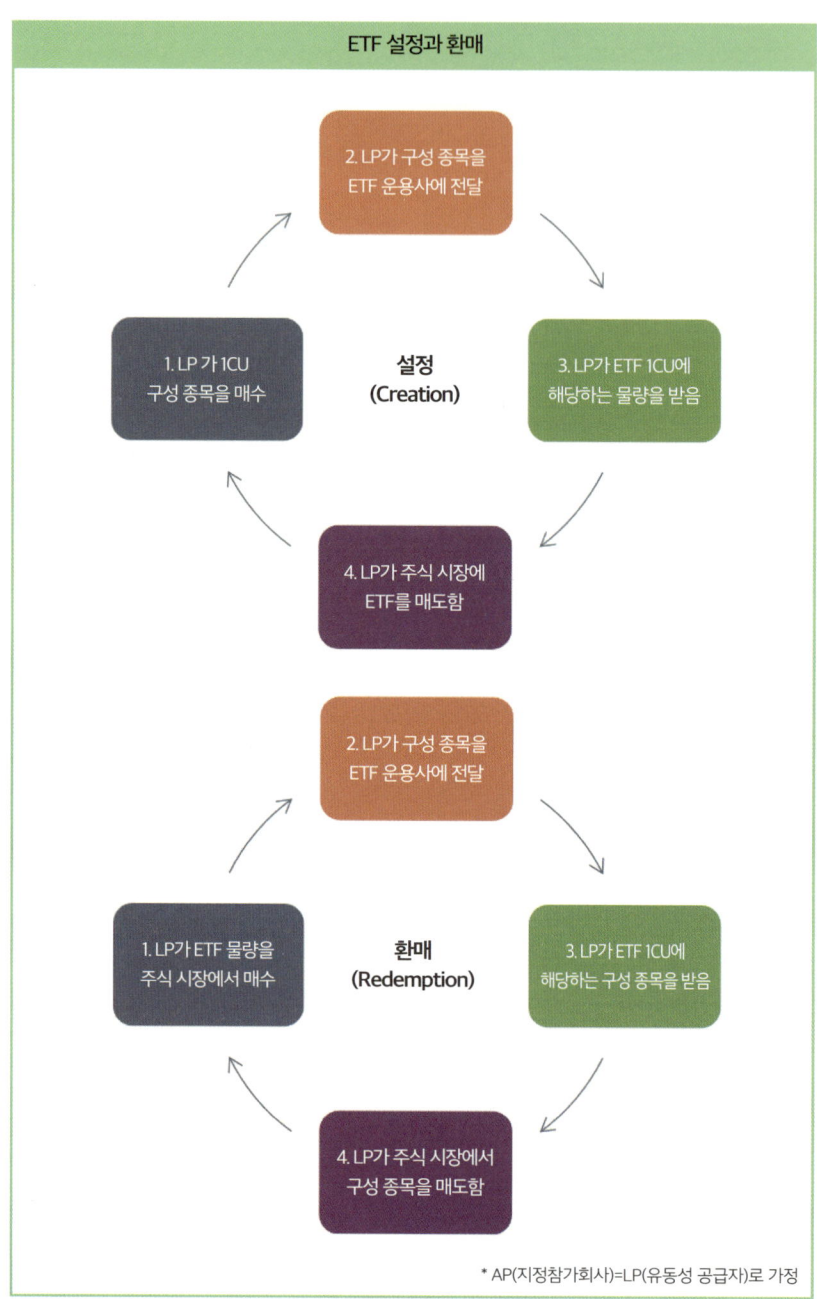

ETF 설정과 환매

2. LP가 구성 종목을 ETF 운용사에 전달

1. LP 가 1CU 구성 종목을 매수

설정 (Creation)

3. LP가 ETF 1CU에 해당하는 물량을 받음

4. LP가 주식 시장에 ETF를 매도함

2. LP가 구성 종목을 ETF 운용사에 전달

1. LP가 ETF 물량을 주식 시장에서 매수

환매 (Redemption)

3. LP가 ETF 1CU에 해당하는 구성 종목을 받음

4. LP가 주식 시장에서 구성 종목을 매도함

* AP(지정참가회사)=LP(유동성 공급자)로 가정

ETF를 상장할 때는 거래소 규정상 70억 원 이상으로 상장해야 한다. 초기 물량은 기관투자자 혹은 LP증권사가 투자해서 상장하게 되는데, 이때 초기 물량을 시딩(Seeding)이라고 한다. 시딩 물량이 얼마냐 되느냐는 발행하는 운용사의 차이라고 보면 된다. 예를 들어, 2024년에 거래소에서 밸류업이라는 지수를 개발하면서 동시에 여러 운용사가 같은 지수를 추종하는 ETF를 상장한 적이 있는데, 큰 운용사들이 시딩 물량을 더 많이 상장했다.

밸류업 ETF 초기 순자산				
종목 코드	종목명	운용사	순자산총액	총보수(%)
496080	TIGER코리아밸류업	미래에셋자산운용	202,239	0.008
495850	KODEX코리아밸류업	삼성자산운용	121,275	0.008
496120	ACE코리아밸류업	한국투자신탁운용	32,215	0.090
495230	KoAct코리아밸류업액티브	삼성액티브자산운용	29,896	0.500
496090	KIWOOM코리아밸류업	키움투자자산운용	19,721	0.009
495050	RISE코리아밸류업	KB자산운용	19,720	0.008
495550	SOL코리아밸류업TR	신한자산운용	19,720	0.050
495040	PLUS코리아밸류업	한화자산운용	14,803	0.009
496130	TRUSTON코리아밸류업액티브	트러스톤자산운용	9,898	0.785
495750	HANARO코리아밸류업	NH-Amundi자산운용	9,860	0.030
495060	TIMEFOLIO코리아밸류업액티브	타임폴리오자산운용	8,856	0.800
495330	1Q코리아밸류업	하나자산운용	7,887	0.020

단위 : 백만 원   2024. 11. 4. 기준, KRX

ETF 현재가 화면을 보면 상장주수라는 게 있다. 예를 들어, 뷰티 ETF

의 상장주수는 3,400,000주(2025. 9. 26.)라고 나오는데 현재 가격이 15,900원이니 둘을 곱하면 시가총액 540억 원이 나온다.

여기서 질문을 하나 하겠다. 그럼 지금 뷰티 ETF는 몇 CU일까?

540억 원 ÷ (15,900원 ×50,000주) = 67CU

정답은 67CU이다. 처음 상장할 때 10CU였으니 추가 설정을 57CU로 했다는 것을 의미한다.

설정 원리를 이해했다면 환매도 이해하기 쉬울 것이다. 바로 그 반대로 하면 되기 때문이다. LP증권사 계좌에 5만 주를 가지고 있는데 환매 신청을 할 경우 T+2일이 지나면 계좌에 주식 20종목과 원화예금이 남게 된다. PDF에 나와 있는 비중대로 받게 되는 것이다. 만약 설정 시 PDF와 환매 시 PDF가 다르면 마지막 환매 시 기준 PDF로 받게 된다. 운용사는 매일매일 PDF를 홈페이지에 공시하게 되어 있으므로 LP증권사는 항상 PDF를 확인해야 한다.

설정하고 환매하는 시장을 발행 시장(Primary Market)이라고 한다. 그리고 주식을 매매하는 시장을 유통 시장(Secondary Market)이라고 한다. 그러니까 운용사와 LP증권사는 발행 시장에서 거래하는 것이고, 개인투자자들이나 기관투자자들은 유통 시장에서 거래하게 되는 것이다.

ETF 발행 주식수는 설정·환매를 통해서 늘기도 하고 줄기도 한다. 뷰티 ETF가 10CU였다가 56CU로 된 것은 LP증권사가 가진 물량이 다 소진되고 시장에서 매수세가 계속 들어오게 되면 LP증권사가 설정을 해서 계속 발행 주식수가 늘어나게 되는 것이다.

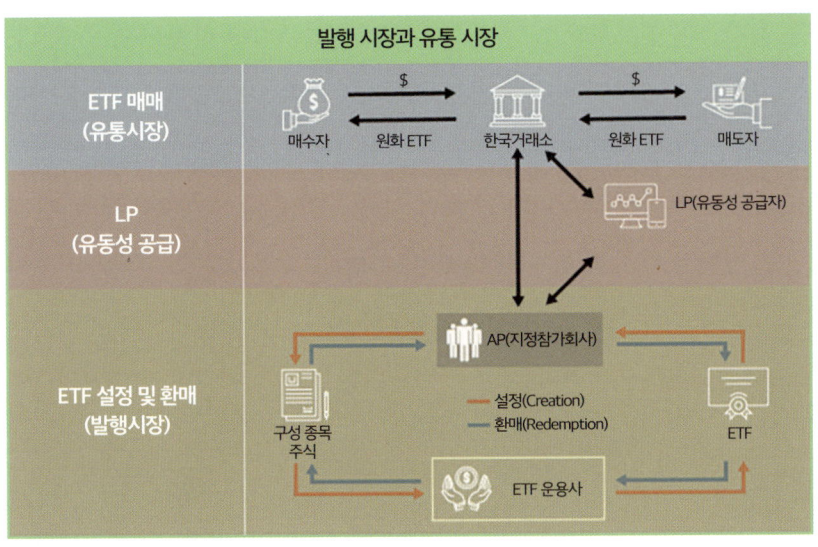

발행 시장과 유통 시장

ETF 매매 (유통시장): 매수자 → 원화 ETF → 한국거래소 → 원화 ETF → 매도자 ($)

LP (유동성 공급): LP(유동성 공급자)

ETF 설정 및 환매 (발행시장): 구성 종목 주식, AP(지정참가회사), ETF, ETF 운용사
— 설정(Creation)
— 환매(Redemption)

설정·환매 공시

제목 : [09/26 16:20] 엔에이치아문디자산운용(주) ETF 추가 · 변경상장신청서(수량변경)(일괄공시)
뉴스 기사에 대한 저작권 및 법적 책임은 자료제공사에 있으며, KB증권과는 무관합니다.

ETF 추가 · 변경상장신청서(수량변경)(일괄공시)

	보고일		2025-09-26						
종목코드	종목약명	추가/변경상장 신청수량	추가/변경내역 (단위 : 주/좌)				사유	추가/변경상장 예정일	상장할 주권/수익증권의 설정 또는 환매일
			증감전 수량	증가되는 수량	감소되는 수량	증감후 수량			
KR7395270002	HANARO Fn K-반도체	1,350,000	18,000,000	1,350,000	0	19,350,000	설정	2025-09-29	2025-09-26
KR7395290000	HANARO Fn K-POP&미디어	50,000	7,550,000	50,000	0	7,600,000	설정	2025-09-29	2025-09-26
KR7407310002	HANARO 200 TOP10	50,000	1,500,000	50,000	0	1,550,000	설정	2025-09-29	2025-09-26
KR7434730008	HANARO 원자력iSelect	-50,000	9,350,000	0	-50,000	9,300,000	환매	2025-09-29	2025-09-26
KR7473640001	HANARO 글로벌금채굴기업	100,000	1,300,000	100,000	0	1,400,000	설정	2025-09-29	2025-09-26
KR7476260005	HANARO 반도체핵심공정주도주	-50,000	900,000	0	-50,000	850,000	환매	2025-09-29	2025-09-26
KR7479850000	HANARO K-뷰티	50,000	3,400,000	50,000	0	3,450,000	설정	2025-09-29	2025-09-26

2025. 9. 26. 기준, KB증권

만약에 계속 매도세가 나오게 되면 LP증권사는 물량을 계속 매수해서 가지고 있다가 1CU 단위 5만 주가 되면 환매를 하여 주식으로 바꾼다. ETF 현재가 화면에서 공시사항을 확인하면 설정하고 환매하는 것이 계속 공지되어 있으므로 물량이 늘었는지 줄었는지를 한눈에 알 수 있다.

이러한 설정·환매 원리에 의해서 투자자들이 코스피 대표지수 ETF를 매수하면 LP증권사가 구성 종목인 주식들을 사게 되고, 이 때문에 대량으로 ETF 매수가 들어가면 코스피 전체 시장도 같이 상승하게 되는 것이다. 반대로 투자자들이 ETF를 매도하면 LP증권사도 주식들을 매도하기 때문에 주식 시장이 하락할 수 있다.

3
ETF 상장과
상장폐지 과정

　계속 매도가 나오면 어떻게 되는지, 상장폐지되는지 궁금해할 수 있다. 정답은 "상장폐지될 수도 있다."이다. 계속 매도가 나온다면 ETF 상장폐지 요건 중 '시가총액이 50억 원 미만'에 해당되므로 상장폐지될 수 있다. 여러 가지 상장폐지 요건이 있지만 대부분 상장 규모 요건에 어긋나는 이유로 상장폐지를 많이 한다.

ETF 상장폐지 요건		
구분		**상장폐지 기준**
ETF 공통	상관계수	ETF 1좌당 순자산가치의 일간변동률과 ETF의 기초지수의 일간변동률의 상관계수가 0.9 미만이 되어 3개월간 계속되는 경우
	유동성 공급 계약	유동성 공급계약을 체결한 LP가 없는 경우 또는 모든 LP가 교체기준에 해당하게 된 날부터 1개월 이내에 다른 LP와 유동성 공급계약을 체결하지 않는 경우
	상장 규모	신탁원본액(자본금) 및 순자산총액이 50억 원 미만 사유로 관리종목으로 지정된 상태에서 다음 반기말에도 해당 사유가 계속되는 경우
	신고의무	고의, 중과실 또는 상습적으로 신고의무를 위반한 경우
	투자신탁 해지	법 제192조 제1항 또는 제2항에 따른 투자신탁의 해지 사유에 해당하는 경우
	투자자 보호	공익 실현과 투자자 보호를 위하여 상장폐지가 필요하다고 거래소가 인정하는 경우
합성 ETF	영업인가	거래상대방의 장외파생상품 투자매매업 인가가 취소되거나 공신력 있는 금융회사로서의 지위를 상실한 경우
	신용등급	거래상대방의 신용등급이 투자적격등급에 미달하는 경우
	순자본비율	거래상대방의 순자본비율이 100% 미만이 되어 3개월간 계속되는 경우
	감사의견 등	거래상대방이 감사의견 부적정·의견거절, 영업의 중단, 부도, 자본금 전액잠식, 회생절차 개시 신청, 법률에 따른 해산 등에 해당하는 경우
	계약체결	거래상대방과의 장외파생상품계약 만기일 전에 계약이 종료되거나 만기가 도래한 경우로서 그에 상응하는 계약이 없는 경우

출처 : KRX

순자산이 50억 원 미만이거나, 거래량이 너무 없을 경우에는 거래소에서 경고를 하고, 경고를 받고도 해소하지 못하면 상장폐지 절차에 들어가게 된다. ETF 개수가 1,000개가 넘는데 신규 상장도 많이 되지만 상장폐지도 많이 일어나고 있다.

사람들이 "상장폐지되면 ETF도 주식처럼 휴지조각이 되는가?" 하고 많이 묻는데 결론은 "그렇지 않다."이다. ETF의 장점 중 하나가 분산투

자이기 때문이다. ETF는 상장폐지되더라도 NAV(순자산가치)에 해당하는
금액을 고객에게 돌려준다.

　예를 한 번 들어 보겠다.

상장폐지 공시(운용사)

HANATRO코스닥150선물레버리지1.5X ETF의 상장폐지와 관련하여 아래와 같이 안내드립니다.

당사가 운용 중인 HANATRO코스닥150선물레버리지1.5X ETF가 아래와 같이 상장폐지될 예정임을
사전에 안내드리오니 투자자께서는 동 ETF 매매 등에 참고하시기 바랍니다.

1. 대상 ETF 기본정보
- 상장종목약명 : HANATRO코스닥150선물레버리지1.5X ETF
- 종목 코드 : A486790
- 상장일 : 2024. 07. 09

2. 상장폐지 사유
- ETF를 설정하고 1년 지난 후 1개월간 계속하여 ETF의 원본액이 50억 원 미만인 경우 투자신탁의 해지가
능 사유에 해당하여 상장폐지 결정

3. 상장폐지 일정
- 유동성 공급자의 양방향 호가 제출의무 면제기간 : 2025. 08. 14 ~ 2025. 09. 12
- 매매거래 정지 : 2025. 09. 15
- 상장폐지 예정일 : 2025. 09. 16
- 투자신탁 해지기준일 : 2025. 09. 17
- 해지상환금 지급일 : 2025. 09. 18

　이렇게 상장폐지는 적어도 1개월 전부터 계속 공지가 나온다. 살펴보
면 상장폐지 사유가 'ETF 원본액이 50억 원 미만'이다. 여기서 중요한
것은 매매거래 정지일이다. 9월 15일(월)까지 매매가 정지되기 때문에 만
약 그 전에 팔려면 9월 12일(금)에 팔아야 하고, 만약 그대로 가지고 있는

다면 9월 15일 종가에 PDF 안에 있는 모든 종목의 매도가 이루어지고 T+2일인 17일에 결제가 들어오고, 18일에 계좌에 입금이 된다. 이러한 공지사항은 각 운용사 홈페이지나 증권사 공지사항에서 확인할 수 있다.

그렇다면 ETF 상장은 어떻게 할까? ETF를 상장해 본 경험상 빠른 편으로 상장한 것이 약 2개월 정도 걸렸다. ETF를 상장하려면 무엇이 필요할까?

첫째, 기초지수를 만드는 것이 가장 중요하다. 물론 패시브 ETF 기준을 말한다. 기초지수가 없으면 ETF를 만들 수 없다. 예를 들어, 2015년경에 전기차 ETF를 만들고 싶어서 전기차 지수를 찾아봤는데, 그때만 해도 전 세계에 전기차 ETF는 상장된 것이 없었다. 만약 상장한다면 세계 최초의 전기차 ETF가 만들어질 수 있었다. 그러나 여러 기초지수를 만드는 인덱스 회사에 연락을 해 봐도 도저히 지수를 만들 수 없다는 응답을 받았다. 어쩔 수 없이 전기차 ETF는 포기하고 대신 공모 펀드를 만들었다.

비트코인 ETF도 만들어 보려고 2017년경에 코빗 거래소를 찾았다. 비트코인이 만약 골드와 같은 원자재 형태라면 당연히 ETF도 만들 수 있을 것 같았기 때문이다. 그러나 그때도 전 세계 어디에서도 ETF 지수를 찾을 수 없었고, ETF를 상장하는 것이 아주 어려웠다.

그만큼 ETF는 지수(인덱스)가 중요하다. ETF 비즈니스에서 가장 중요하게 생각하는 것은 새로운 상품을 만들기 위한 새로운 지수를 개발하는 것이다. 최근에는 커버드콜 및 조건형 ETF 등 여러 가지 형태의 ETF가 출시되고 있는데, 많은 운용사가 아이디어를 짜 내는 것이다. 새로운 아이디어가 나오면 인덱스 업체와 연락해서 지수화될 수 있는지 확인하게 된다. 국내외 ETF 지수를 만드는 지수 업체는 다음과 같다.

ETF 지수 산출 기관	
국내 ETF	해외 ETF
KRX(한국거래소) Fn Guide NH증권(iSelect) 딥서치 KEDI(한국경제) 한국자산평가(KAP) KIS자산평가	S&P MSCI ICE Bloomberg Solactive NASDAQ Indxx HangSeng NSE(NSE Indices Limited) CSI MVIS HOSE(Hochiminh Stock Exchange) Nikkei FACTSET TSE(Tokyo Stock Exchange) STOXX

둘째, 운용이 가능한지를 파악해야 한다. 이때 반드시 LP증권사가 헤지 가능한 상품인지를 확인해야 한다. LP증권사가 포지션을 헤지하지 못한다면 원활한 유동성을 공급할 수 없기 때문이다. 그러면 ETF로서의 가치가 없어진다.

셋째, 시딩 머니가 필요하다. ETF 상장을 위해서는 최소 70억 원 이상의 순자산이 있어야 한다.

정리하자면, ETF를 상장하기 위해서는 기초지수가 있어야 하며, LP증권사가 한 군데 이상 확보되어야 하고, 상장할 때 순자산이 70억 원 이상되어야 한다. 이 모든 것이 갖춰진 다음에 거래소에 신청하면 상장 심사를 받을 수 있다. 거래소에서 상장이 가능한 상품인지 확인하고 심사가 끝나면, 금융감독원에서 마지막 검사를 하고 상장하게 된다.

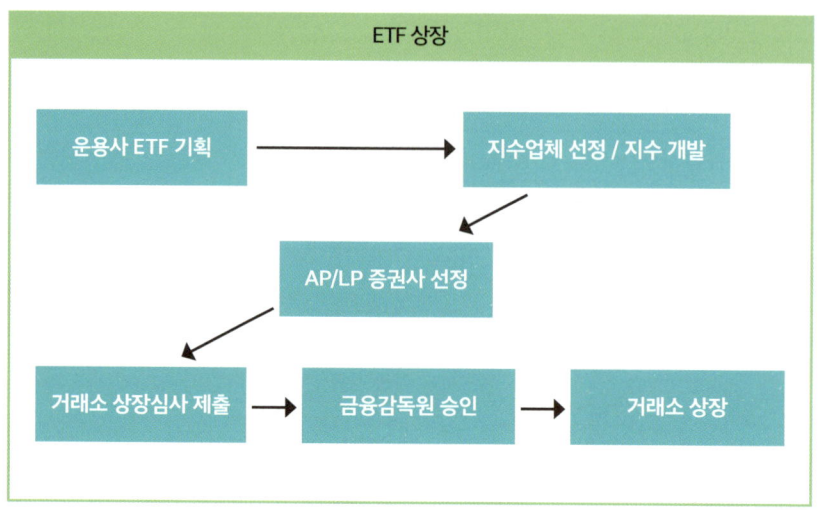

ETF는 국내에 상장된 것만 해도 1,000개가 넘는다. 유가증권시장의 종목수 900여 개보다 많이 상장되어 있다. 새로운 상품이 한 달에도 3~5개씩 상장되고 있다. 투자 전략에 따라서, 자산이 어떤 것이냐에 따라서 ETF는 무궁무진하게 만들어질 수 있다. 거래가 되지 않고 자산이 크지 않은 ETF들은 상장폐지도 빈번히 일어난다. 효율적인 구성 종목을 찾아 새로 상품을 개발하는 것은 지속적으로 이루어질 것이다.

4
LP(유동성 공급자)의 역할과 헤지 방식

LP증권사들은 매도호가와 매수호가를 넣으면서 투자자가 ETF 매매를 원활히 할 수 있게 도와준다. ETF 시장에서 LP증권사들의 역할은 반드시 필요하다. 특히 처음 상장했을 때는 LP가 매도호가를 시장에 내어놓지 않으면 거래가 전혀 이루어지지 않는다. 그렇다면 LP증권사들은 어떤 방식으로 호가를 넣는 것일까?

매도 1호가와 매수 1호가의 스프레드를 매수매도 스프레드라고 한다. 종목에 따라 스프레드 차이가 많이 나는데 스프레드가 작은 것이 투자자들이 매매하기 쉽다. 국내 주식 호가 스프레드가 더 작은 이유는 LP가 헤지 포지션을 취하기 쉽기 때문이다.

LP증권사가 최초 상장할 때 PDF 상장 종목을 ETF로 바꾸는 설정 작업을 해서 매도호가를 시장에 내놓을 수 있다. 그러면 증권사는 구성 종목들을 매수하는 것일까? 아니면 원래 주식을 보유하고 있었을까? 아니면 대차를 했을까?

3가지 방법 모두 가능하다. 특히 국내 주식형 ETF의 경우는 주로 주식을 대차해서 구성 종목을 맞추는 방법을 많이 사용한다. 만약 구성 종목을 전부 매수했다면 시장이 하락할 경우 증권사는 손실을 입게 된다. 물론 상승하면 이익이 나겠지만 리스크를 가져가려고 하지 않는다. 그리고 원래 주식을 보유하고 있다는 것은 고유운용부서가 아니면 어렵다. 그렇기 때문에 증권사들은 주식을 대차해서 설정하고, 그렇게 되면 증권사 운용 잔고는 델타 0(위험 제로)가 된다.

LP증권사 운용 잔고 = 델타 0(위험 중립)

LP증권사의 유동성 공급에서 가장 중요한 조건은 포지션 중립으로 '델타 0'라고도 한다. 만약 주식을 매수해서 가지고 있다면 당연히 주식 시장이 상승하면 +가 되고, 하락하면 -가 된다. 그런데 ETF의 유동성을 공급하기 위해서 처음 포지션을 가지고 있고, ETF를 보유하면서 이익을 내려고 하는 것이 아니기 때문에 시장의 움직임에도 포지션이 +, -가 되지 않도록 포지션을 헤지해서 중립으로 만들어야 한다.

최초 설정 시 증권사 잔고	
좌변(+)	우변(-)
ETF 10CU	주식 대차매도

왼쪽 상장에 무언가를 담으면 시장이 상승할 때 +가 되고, 오른쪽 상장에 무언가를 담으면 -가 된다고 생각하면, LP증권사는 이 2개 박스의 크기가 똑같아야 한다. 그렇다면 시장이 상승하거나 하락해도 손실이 0이 된다. 바로 '델타 0'라는 것이다.

ETF를 10CU 가지고 있을 경우 시장이 상승하면 +가 된다. 반대로 해당 ETF의 구성 종목을 대차해서 매도 포지션일 경우 시장이 상승하면 -가 발생한다. 주식을 대차매도했다는 것은 주식을 다시 되돌려 주어야 하는 것이고, 주식 가격이 오르면 더 비싼 가격으로 주식을 사서 갚아야 하는 것이기 때문이다.

시장 상승 시 증권사 잔고	
좌변(+)	우변(-)
ETF 10CU	주식 대차매도
+5억 원	-5억 원

시장 하락 시 증권사 잔고	
좌변(+)	우변(-)
ETF 10CU	주식 대차매도
-5억 원	+5억 원

만약 코스피200 ETF처럼 선물시장이 있는 지수라면, 좌변에 선물매도 포지션을 넣으면 어떻게 될까? 당연히 헤지가 되면서 포지션이 델타 0가 될 것이다.

선물매도 시 증권사 잔고	
좌변(+)	우변(-)
ETF 10CU	선물매도

그렇다면 위의 주식을 대차매도해서 ETF를 가지고 있을 때와 선물매도해서 가지고 있을 때의 차이가 무엇일까? LP증권사 기준으로 본다면 현금을 사용하는 자금 비용이 선물을 이용할 때 더 들어간다. 보통 증권사에서는 고유자금을 현금으로 쓸 경우는 CD 금리+α의 비용을 청구하기 때문에 주식을 대차해서 설정하는 것을 더 선호한다고 볼 수 있다.

선물시장이 있는 기초지수에 대해서는 거의 대부분 선물을 이용한 헤지를 하는데, 그 이유는 바로 차익거래(Arbitrage)를 하기 위해서이다. 차익거래라 함은 보통 현물과 선물 차이 거래를 말한다. 현물은 보통 주식이지만, 여기에서는 ETF를 현물(코스피200 지수를 100% 추종 가정)로 보고, 코스피200 선물을 매도 또는 매수 포지션을 취하게 된다.

차익거래는 선물 고평가, 현물 저평가일 때 선물매도+현물매수 포지션을 만들고, 반대로 선물 저평가, 현물 고평가일 때 선물매수+현물매도의 포지션을 만든다. 이렇게 만든 포지션 2개를 상쇄시킬 수도 있고, 선물 만기일에 맞춰서 포지션을 청산하여 이익을 취한다. LP증권사들은 코스피200이 기초지수인 ETF는 유동성 공급을 하면서 동시에 차익 거래를 추구할 수 있게 되는 것이다.

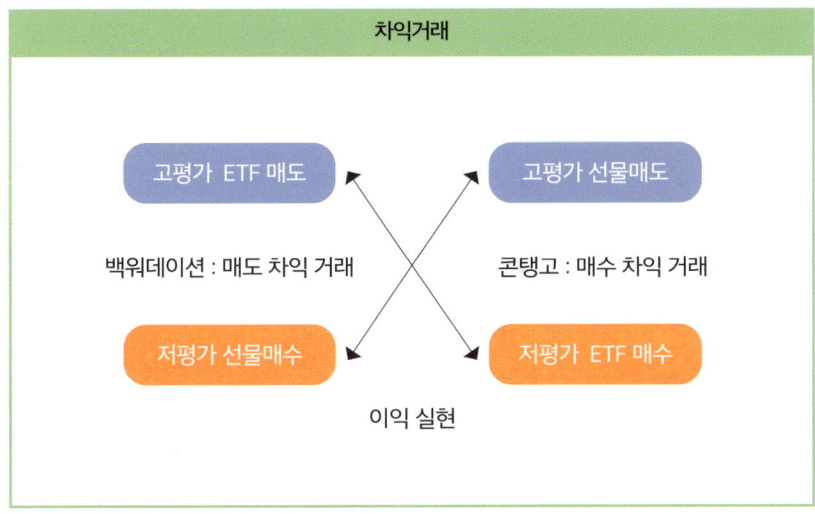

LP증권사들이 헤지 포지션을 무엇으로 가져가느냐에 따라서 매수매도 스프레드가 차이 나게 된다. 선물로 헤지 포지션을 취할 때는 스프레드가 약 5~15bp인 반면에, 주식 현물로 대차매도해서 포지션을 취하는 경우는 약 50bp의 매수매도 스프레드가 발생하게 된다. 주식 현물도 대차매도할 경우는 주식을 매도할 때 매도세와 기타 비용이 발생하기 때

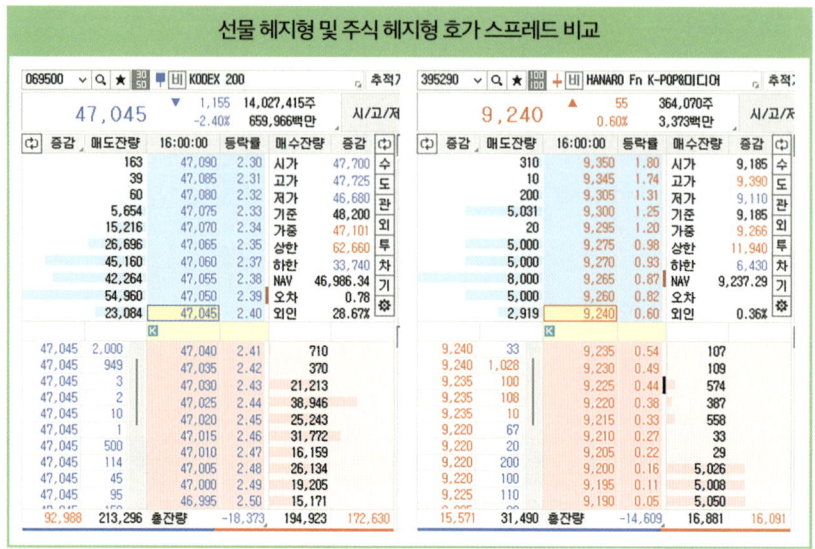

선물 헤지형 및 주식 헤지형 호가 스프레드 비교

2025. 9. 26. 기준, KB증권

문에 스프레드가 선물 헤지형 ETF보다는 늘어나게 된다. 해외형의 경우는 스프레드에 헤지 시장이 거래되지 않을 위험 비용까지 감안해서 스프레드가 더 벌어지게 되는 것이다.

코스피200 선물로 헤지하는 KODEX200 호가를 보면 매도 1호가는 47,045원이고, LP호가로 보이는 매수 3호가는 47,030원이다. 호가 차이는 0.03% 수준이다. 반면에 주식매도로 헤지하면서 호가를 넣는 HANARO K-POP&미디어는 매도 1호가 9,240원, LP호가로 보이는 매수8호가는 9,200원이다. 호가 차이는 0.44% 수준이다.

거래량이 적은 ETF를 보면서 "내가 매수, 매도할 때 거래가 안 되면 어떡하지?", "유동성 공급을 안 하면 어떡하지?"라는 걱정을 하는 사람이 많다. 그런데 거래소에서 철저하게 LP호가 관리를 하고 있다. 거래소가

ETF의 등급을 매기고 있으므로 만약 제대로 호가를 공급하지 못할 경우는 LP를 박탈당할 수도 있다. 그렇기 때문에 ETF를 매매할 때 유동성 공급자만 있다면 매매하는 데 불편함이 없다.

LP증권사의 호가 관리는 자동화 시스템으로 움직이기 때문에 순자산 기준으로 어떻게 매매될지를 결정하고 나면 종일 같은 조건으로 호가를 제공한다. 한 호가에 보통 5,000주에서 1만 주를 넣는다. 거래량이 적은 ETF는 본인이 10만 주를 매수하고 싶을 경우 매도 1호가, 2호가, 3호가까지 한꺼번에 살 필요가 없다. 매도 1호가에 10만 주를 넣더라도 순식간에 시장이 변하지 않는다면 매도호가가 없어지면 바로 공급되기 때문에 매도 1호가에도 10만 주를 전부 살 수 있다. 매도할 때도 마찬가지이지만 기초지수가 급격하게 움직이지 않는다면 급하게 큰 주문량을 넣을 필요가 없다.

예를 들어, HANARO K-POP&미디어를 약 1억 원 정도 사려고 할 경우 매도 1호가 가지고는 안 되니 한꺼번에 매도 1, 2호가를 매수하는 사람들이 있는데 절대로 그럴 필요가 없다. LP매도 1호가는 없어지면 1초도 안 돼서 증권사 LP호가 시스템에 의해서 다시 공급된다. 그래서 9,240원에 1만 주 이상 넣어도 순식간에 체결된다. 단, 순자산이 급격하게 변하지만 않는다는 가정하에서이다. 1만 주가 아닌 10만 주를 사고 싶다고 하더라도 반드시 시장가 매수가 아닌 호가를 지정해서 사야 한다.

LP증권사는 매수가 많이 들어오면 매도호가를 위로 올리고, 반대일 경우 매수호가를 아래로 내리고 하는 식의 변형된 매매를 하기가 쉽지 않다. 특히 ETF는 1,000개가 넘고 증권사는 한 번에 몇백 개에 해당하는 호가를 넣기 때문에 전부 자동화된 시스템으로 움직인다. 증권사는 호가를 벌려서 이익이 만든다고 생각하는 사람들이 있는데, 증권사가 호가를 제공하면서 나는 이익은 아주 적다. 이익을 최소화하고 거래가 많이 되게 하는 것이 ETF LP증권사의 책무이다.

5

합성 ETF의
구조

ETF 이름 뒤에 '(합성)'이라고 쓰인 것이 있다. '합성(Synthetic)'이라는 뜻은 ETF 운용 방식이 기존의 실물운용(Physical) 방식과 다르게 ETF 안에 실제 주식, 채권 등의 자산을 담는 것이 아니라 스왑(Swap) 계약을 담아 운용하는 것을 말한다. 간단히 말하면, K-반도체 ETF의 구성 종목(PDF)에는 SK 하이닉스, 삼성전자, 삼성전기 등의 종목이 있지만, HANARO 글로벌럭셔리S&P(합성)의 구성 종목에는 럭셔리 종목인 루이비통이나 프라다 같은 종목이 없다.

HANARO Fn K-반도체 PDF

PDF / 자산구성내역

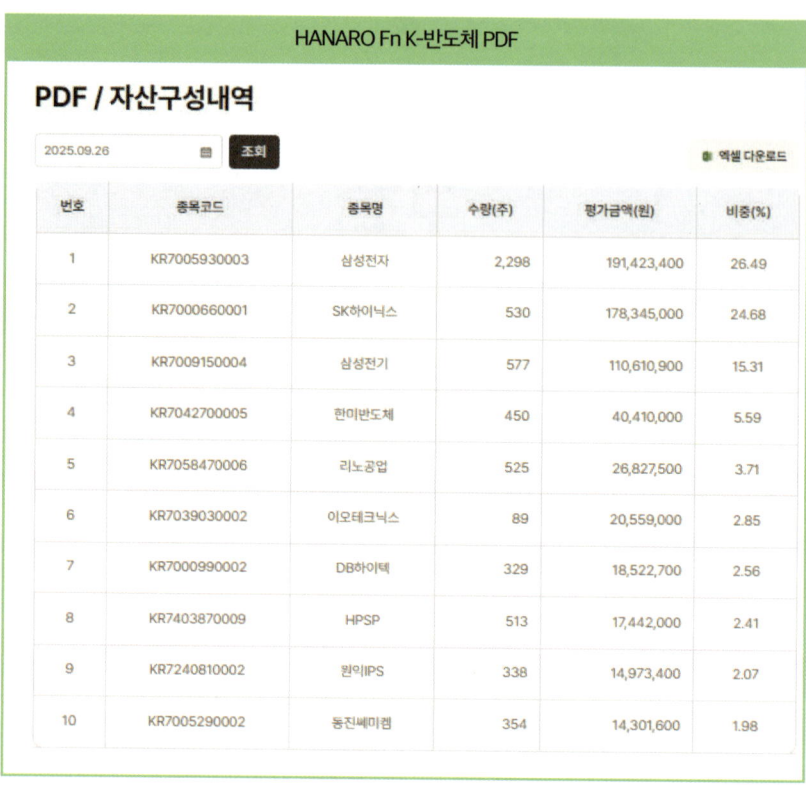

2025.09.26 　　　조회 　　　　　　　　　　　　엑셀 다운로드

번호	종목코드	종목명	수량(주)	평가금액(원)	비중(%)
1	KR7005930003	삼성전자	2,298	191,423,400	26.49
2	KR7000660001	SK하이닉스	530	178,345,000	24.68
3	KR7009150004	삼성전기	577	110,610,900	15.31
4	KR7042700005	한미반도체	450	40,410,000	5.59
5	KR7058470006	리노공업	525	26,827,500	3.71
6	KR7039030002	이오테크닉스	89	20,559,000	2.85
7	KR7000990002	DB하이텍	329	18,522,700	2.56
8	KR7403870009	HPSP	513	17,442,000	2.41
9	KR7240810002	원익IPS	338	14,973,400	2.07
10	KR7005290002	동진쎄미켐	354	14,301,600	1.98

2025. 9. 26. 기준, HANARO ETF

글로벌 럭셔리 PDF

PDF / 자산구성내역

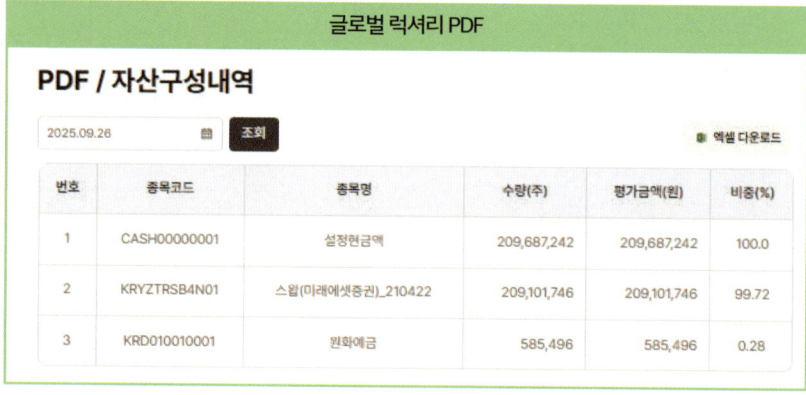

2025.09.26 　　　조회 　　　　　　　　　　　　엑셀 다운로드

번호	종목코드	종목명	수량(주)	평가금액(원)	비중(%)
1	CASH00000001	설정현금액	209,687,242	209,687,242	100.0
2	KRYZTRSB4N01	스왑(미래에셋증권)_210422	209,101,746	209,101,746	99.72
3	KRD010010001	원화예금	585,496	585,496	0.28

2025. 9. 26. 기준, HANARO ETF

글로벌 럭셔리 ETF의 경우는 스왑(미래에셋증권)이라고만 되어 있다. 기초지수에 들어가는 종목을 봐야지만 어디에 투자하는 것인지 알 수 있다.

운용사는 증권사와 기초지수 수익률에 대한 스왑 계약을 체결하고, 합성 상대방 증권사는 직접 운용을 하여 기초지수 수익률을 운용사 ETF에 제공하는 것이다. ETF는 기초지수의 정확한 수익률을 받아서 고객한테 수익률을 줄 수 있다. 이는 운용사가 운용하기 힘든 경우도 있지만, LP증권사가 포지션 헤지를 할 수단이 없는 경우에 합성 방식을 많이 채택한다. 합성 ETF에는 자금공여형(FUNDED SWAP)과 자금비공여형(UNFUNDED SWAP) 2가지 방식이 있다. 운용사가 거래 상대방한테 자금을 주는 것을

글로벌 럭셔리 기초지수 종목

기초지수 구성종목

기준일 : 2025.09.28

번호	채권분류	비중(%)
1	LVMH-Moet Vuitton	8.67
2	Compagnie financiere Richemont SA	8.32
3	Ferrari NV	7.05
4	Hermes Intl	7.04
5	Royal Caribbean Group	5.52
6	Tesla, Inc	5.2
7	Mercedes-Benz	3.94
8	L'Oreal	3.9
9	Hilton Worldwide Holdings Inc	3.78
10	Marriott Intl A	3.65

2025. 9. 26. 기준, HANARO ETF

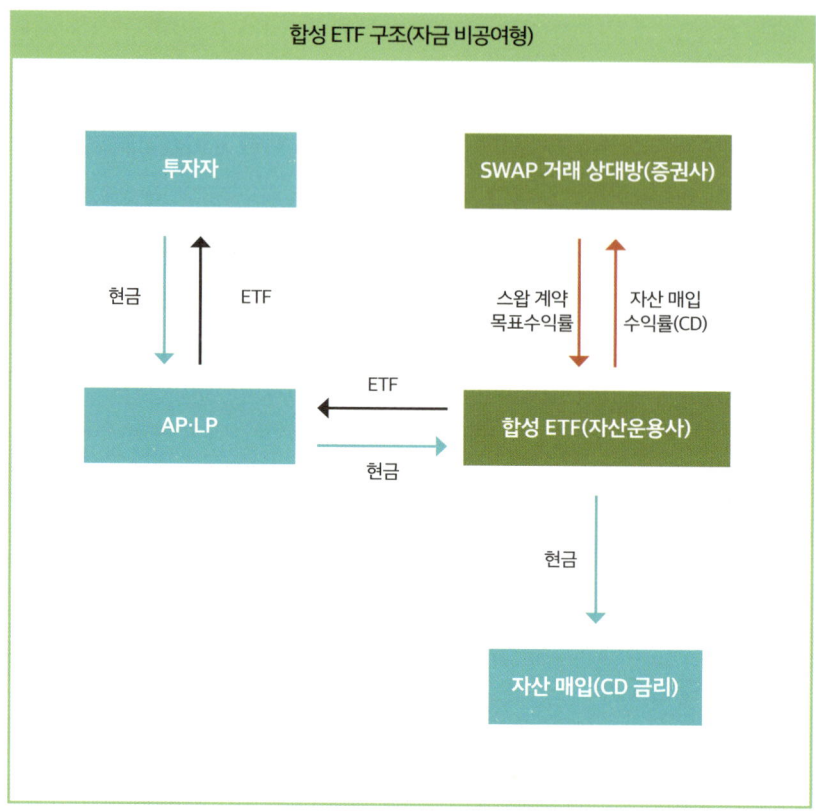

합성 ETF 구조(자금 비공여형)

투자자

SWAP 거래 상대방(증권사)

현금 / ETF

스왑 계약
목표수익률 / 자산 매입
수익률(CD)

AP·LP

ETF

합성 ETF(자산운용사)

현금

현금

자산 매입(CD 금리)

공여형, 주지 않는 것을 자금 비공여형이라고 한다.

위의 그림은 일반적인 합성 ETF의 구조이다. 대부분의 국내 합성 ETF는 여기에서 스왑 거래 상대방 증권사가 지정참가회사 및 유동성 공급을 같이 하는 경우가 많다. 그렇다면 구조가 옆의 그림과 같이 바뀌게 된다. 이렇게 하면 LP증권사는 ETF뿐만 아니라 ETF 수익률을 주어야 하는 스왑 계약도 가지고 있다. LP증권사의 헤지 알고리즘에서 보면 왼쪽에 ETF 수익률, 오른쪽에 스왑 계약이 있어서 델타 0가 되는 형식이다.

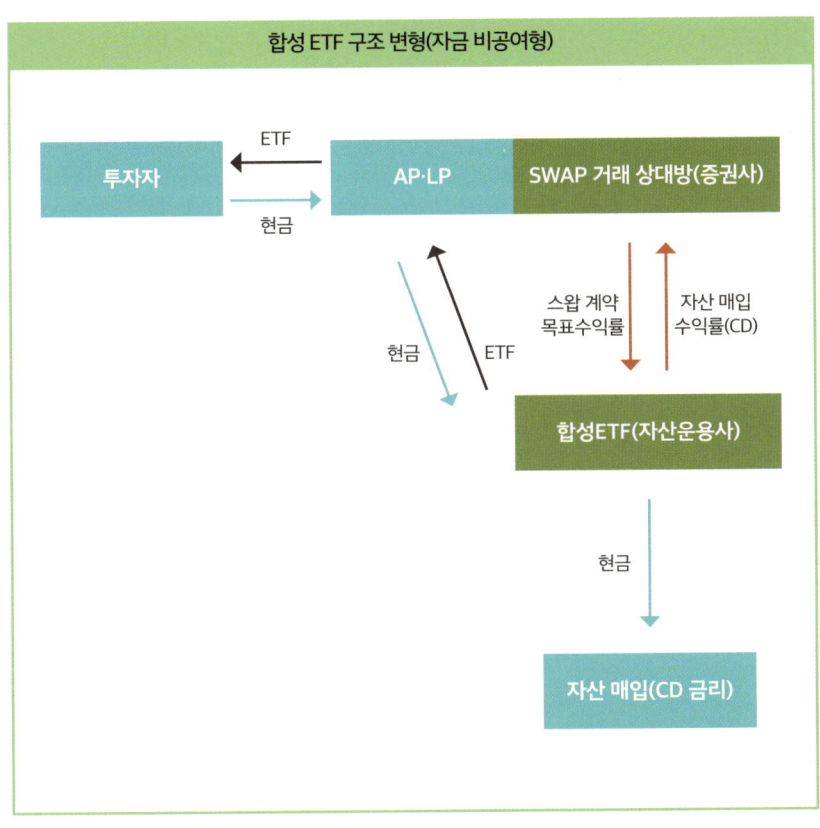

합성 ETF 증권사 포지션	
좌변(+)	우변(-)
글로벌 럭셔리 ETF	글로버 럭셔리 스왑 계약

ACE베트남VN30 ETF 같은 경우는 ETF를 상장할 때만 해도 베트남 시장에 선물시장이 존재하지 않았고, 베트남 주식을 대차매도하는 포지션 또한 LP증권사가 할 수 없는 상황이었다. 그래서 LP증권사가 포지션

을 헤지하기 위해서는 합성 방식으로만 진행할 수 있었다. 합성 상대방이 되는 증권사가 LP증권사가 된다면 포지션을 쉽게 구축할 수 있기 때문이다. 필리핀, 멕시코, 인도네시아도 합성 ETF인 이유이다. 인도 같은 경우는 처음에 합성 ETF로 출시되었다가 이제는 실물 ETF로 출시되고 있다.

합성 방식으로 운용하면 여러 가지 복잡한 상품을 만들어 낼 수 있다. 계약하기 위해 운용사는 증권사에 담보를 요구하면서 위험을 회피한다. 따라서 기초지수를 직접 운용하기 어렵거나, 기초지수를 따라가기 훨씬 더 쉽고 비용적·운용적으로 합리적일 때 합성 방식을 이용한다고 생각하면 된다.